挑战 Sudoku! 数独（U12组）

2017、2018北京市中小学数独比赛题集

北京市数独运动协会 ◎ 编著

科学出版社

北京

内 容 简 介

数独是一种全面考验做题者的逻辑思维能力、推理能力和观察能力的数字游戏，虽然玩法简单，但数字排列方式却千变万化，所以不少教育者都认为数独是训练头脑的绝佳方式。

本书不仅收录了北京市中小学数独比赛题型说明、200道有针对性的数独练习题，并且收录了2017年、2018年U12组决赛阶段的全部真题，为广大数独爱好者，特别是中小学生提供了一套最佳的数独训练和能力测试的读本。

图书在版编目（CIP）数据

挑战数独：2017、2018北京市中小学数独比赛题集.U12组/北京市数独运动协会编著.—北京：科学出版社，2019.5

ISBN 978-7-03-060758-4

Ⅰ.挑… Ⅱ.北… Ⅲ.智力游戏-青少年读物 Ⅳ.G898.2

中国版本图书馆CIP数据核字（2019）第043643号

责任编辑：孙力维　杨　凯／责任制作：魏　谨

责任印制：张克忠

北京东方科龙图文有限公司 制作

http://www.okbook.com.cn

科学出版社 出版

北京东黄城根北街16号

邮政编码：100717

http://www.longmenbooks.com

三河市骏杰印刷有限公司 印刷

科学出版社发行　各地新华书店经销

*

2019年5月第　一　版　开本：720×1000　1/16

2019年5月第一次印刷　印张：12 1/2

字数：252 000

定价：38.00元

（如有印装质量问题，我社负责调换）

前言

数独，是一种以数字为表现形式的益智休闲游戏，起源于中国数千年前的“河图”“洛书”。而“数独”（Sudoku）一词源于日本，意思是“只出现一次的数字”，数独已经发展成为一种风靡全世界的益智游戏，拥有上千万的爱好者。

北京市数独运动协会是世界智力谜题联合会（World Puzzle Federation，WPF）在中国区的唯一会员机构，肩负着数独等智力谜题在中国境内的推广和普及工作。例如，负责组织国内最高水平的数独赛事——中国数独锦标赛及各种普及型的数独赛事和活动；开展面向所有层次爱好者的培训宣传工作；自主研发数独相关的书籍、教具等产品。

为了满足不同层次爱好者的需求，数独发展总部特地精心设计了各类数独书籍，包括标准数独题集、变型数独题集、各类比赛教材、各类题型讲解和比赛真题等。

北京市中小学数独比赛由北京市中小学体育运动协会、北京市数独运动协会主办，北京广播电视台等特约支持。北京市中小学数独比赛的赛题就是根据各中小学数独校本课的培训内容设置。比赛分为个人赛和团体赛，个人赛根据参赛者年龄的不同分为U8组、U10组、U12组和U18组。比赛题型以标准数独为主，也会出现对角线数独、杀手数独、不规则数独等变型数独题型。

“挑战数独”系列图书是紧扣北京市中小学数独比赛赛程出版的

比赛辅导用书，有《挑战数独（U8组） 2017、2018北京市中小学数独比赛题集》、《挑战数独（U10组） 2017、2018北京市中小学数独比赛题集》、《挑战数独（U12组） 2017、2018北京市中小学数独比赛题集》和《挑战数独（U18组） 2017、2018北京市中小学数独比赛题集》，共计4本，题目难度由浅入深，阶梯分布，并且收录了2017年、2018年决赛阶段的全部真题。希望此书能给读者的生活带来欢乐与成功的喜悦。读者可通过缜密思维来破解答案，通过每日训练使自己的思维能力得到提升。

数独天天做，趣味无穷多，今天你数独了吗？

目录 CONTENTS

第一章

比赛题型

四宫标准数独：将数字1~4填入空格内，使每行、每列及每宫内数字均不重复。

4		1	
		3	
	4		
	2		3

4	3	1	2
2	1	3	4
3	4	2	1
1	2	4	3

六宫标准数独：将数字1~6填入空格内，使每行、每列及每宫内数字均不重复。

		2			4
	3	2			5
				1	2
2	1				
5		6	4		
1		6			

6	5	1	2	3	4
4	3	2	1	6	5
3	6	5	4	1	2
2	1	4	3	5	6
5	2	3	6	4	1
1	4	6	5	2	3

标准数独：将数字1~9填入空格内，使每行、每列及每宫内数字均不重复。

9	2					4	6	
	7		6		1		5	
		3	9		4	2		
1		5		6		3		8
3								4
4		9		7		1		6
		1	3		6	7		
	4		1		7		3	
	3	8				6	1	

5	9	2	7	3	8	4	6	1
8	7	4	6	2	1	9	5	3
6	1	3	9	5	4	2	8	7
1	2	5	4	6	9	3	7	8
3	6	7	8	1	2	5	9	4
4	8	9	5	7	3	1	2	6
9	5	1	3	8	6	7	4	2
2	4	6	1	9	7	8	3	5
7	3	8	2	4	5	6	1	9

对角线数独：将数字1~9填入空格内，使每行、每列、每宫及两个对角线内数字均不重复。

	3		5		4		8	
7				9				2
		3		6				
1		9				2		3
	5						7	
4		8				1		9
		6		7				
3				8				5
	1		4		2		9	

9	3	1	5	2	4	7	8	6
7	6	4	1	9	8	5	3	2
2	8	5	3	7	6	9	4	1
1	7	9	8	4	5	2	6	3
6	5	3	2	1	9	8	7	4
4	2	8	7	6	3	1	5	9
5	9	2	6	3	7	4	1	8
3	4	7	9	8	1	6	2	5
8	1	6	4	5	2	3	9	7

五宫不规则数独：将数字1~5填入空格内，使每行、每列及每个不规则粗线宫内数字均不重复。

	3		4	
4				5
		2		
3				1
	1		5	

5	3	1	4	2
4	2	3	1	5
1	5	2	3	4
3	4	5	2	1
2	1	4	5	3

七宫不规则数独：将数字1~7填入空格内，使每行、每列及每个不规则粗线宫内数字均不重复。

	5			6		4
6			4		7	
		4		5		2
	4		6		5	
4		6		7		
	3		7			6
5		7			3	

7	5	2	3	6	1	4
6	2	3	4	1	7	5
3	7	4	1	5	6	2
2	4	1	6	3	5	7
4	1	6	5	7	2	3
1	3	5	7	2	4	6
5	6	7	2	4	3	1

不规则数独：将数字1~9填入空格内，使每行、每列及每个不规则粗线宫内数字均不重复。

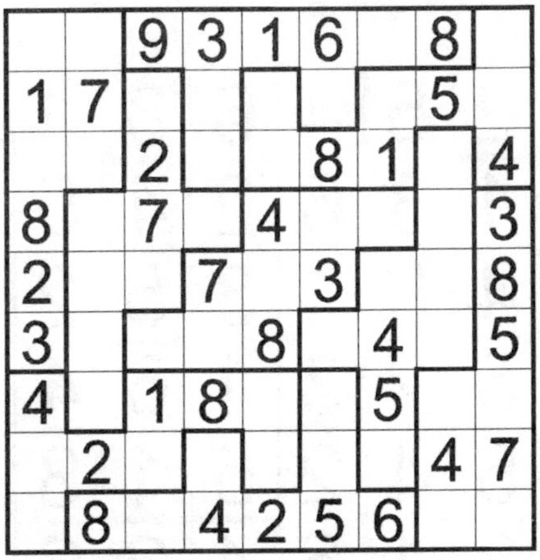

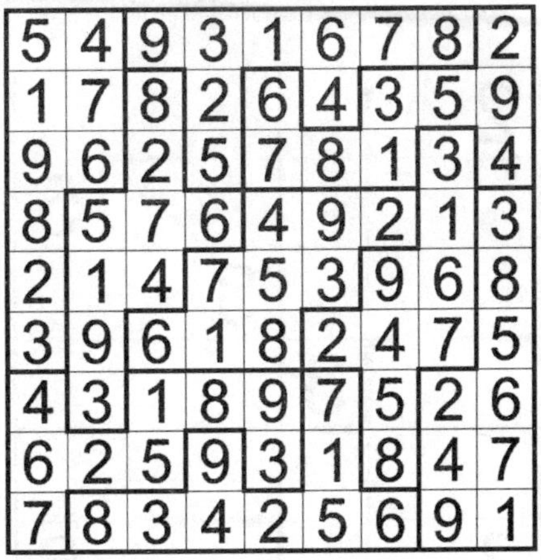

六宫杀手数独：将数字1~6填入空格内，使每行、每列及每宫内数字均不重复，虚线框内提示数表示该框内所有数字之和，同一虚线框内不能出现相同的数字。

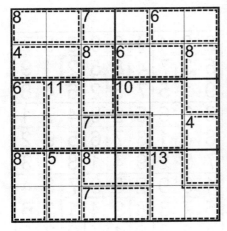

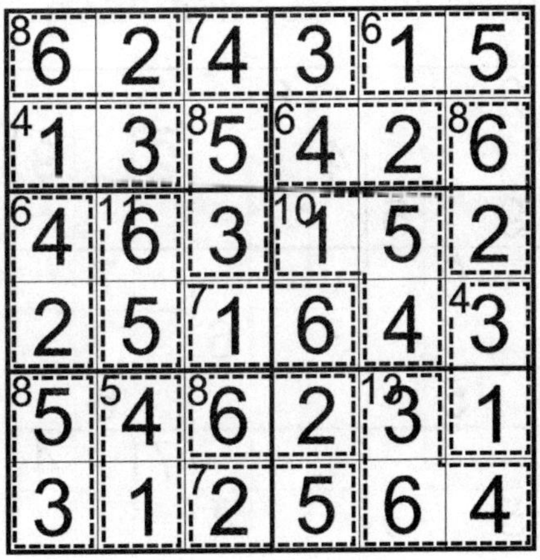

六宫连续数独：将数字1~6填入空格内，使每行、每列及每宫内的数字均不重复，题目中相邻两格间标有灰色粗线的，这两格内数字之差为1；相邻两格间没标灰色粗线的，这两格内数字之差不能为1。

2					
					5
			3		
		3			
3					6

2	5	4	6	3	1
1	3	6	2	4	5
4	6	1	3	5	2
5	2	3	1	6	4
6	4	2	5	1	3
3	1	5	4	2	6

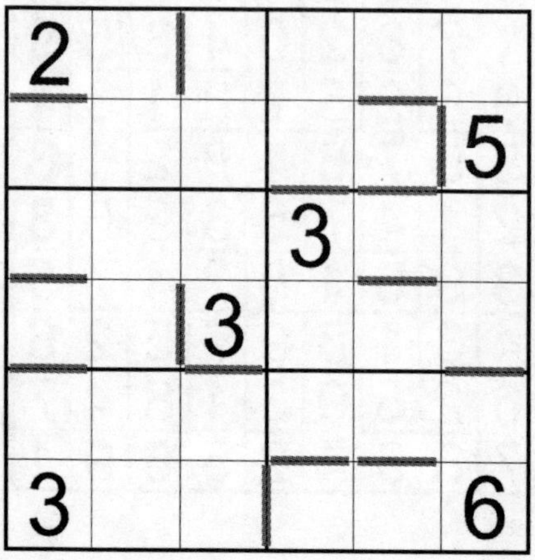

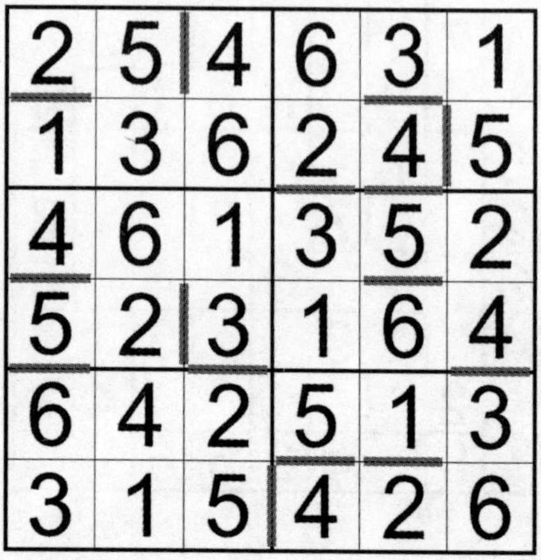

连续数独：将数字1~9填入空格内，使每行、每列及每宫内数字均不重复，题目中相邻两格间标有灰色粗线的，这两格内数字之差为1；相邻两格间没标灰色粗线的，这两格内数字之差不能为1。

2			6					
		4			2		9	
9		5						
	9					7		
		3		6				
	5					6		
				7			4	
5		3		4				
			1				5	

2	8	4	1	6	9	3	5	7
6	3	7	4	8	5	2	1	9
9	1	5	7	3	2	6	4	8
3	9	6	5	2	8	4	7	1
8	4	1	3	7	6	5	9	2
7	5	2	9	4	1	8	6	3
1	6	9	2	5	3	7	8	4
5	7	3	8	9	4	1	2	6
4	2	8	6	1	7	9	3	5

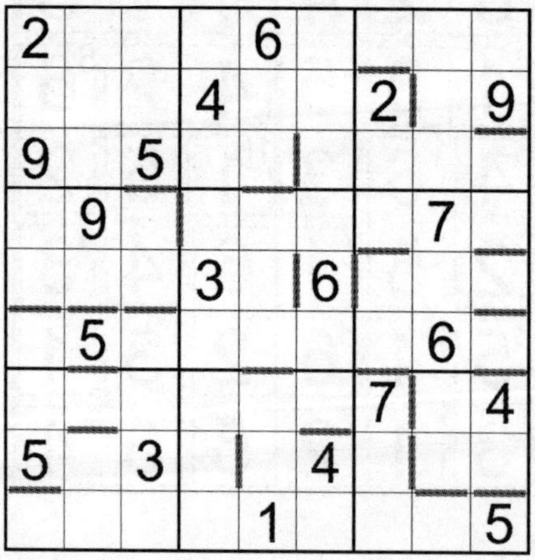

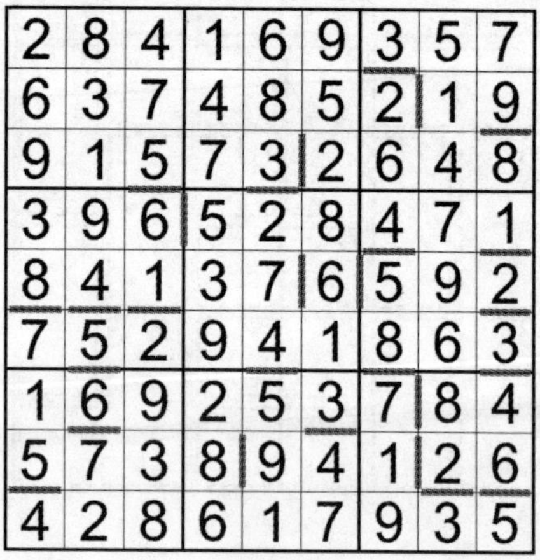

第二章

数独练习题

·标准数独·

	7			1		9		
		4	6		9			
	1						6	3
9			1		3			
8		5				2		1
			5		2			8
4	3					7		
			4		1	5		
		8		7			1	

（001）

	8		4			9		
				9		3		7
3	9	2				4		
			1		6			9
	2						6	
9			8		5			
		4				6	9	1
5		6		4				
		9		7			2	

（002）

8				1	3			
		5				6	2	
9		1				3		
	1				2		6	
2			6		7			9
	3		9				8	
		6				1		2
	9	3				8		
			3	8				5

（003）

	7		8				1	
1		2						8
	4		6		3			
2		9		5		8		
			1		6			
		5		3		1		9
			7		1		8	
7						6		3
	5				2		4	

（004）

		8	4			9	5	
1				6	3			
4								6
	3		7		5			2
	1						8	
5			6		1		4	
8								3
			2	4				1
	2	5			6	4		

（005）

	7		9		5		8	
1								2
	8			2			6	
		4	5		2	3		
2								5
		6	1		8	7		
	4			9			5	
7								8
	6		8		1		3	

（006）

9						7		8
	2		7			9	4	
5	1				4			
		1		8			5	
			2		9			
	6			4		8		
			4				6	3
	5	3			6		8	
2		6						1

（007）

						2	1	5
	1	2			9			
	4		2		7			
		4		2				1
8			9		6			4
6				7		5		
			7		5		2	
			8			6	9	
2	8	7						

（008）

				5	1			
		2				6		
	4		3	8			1	
4			6		3	7		
7		3				2		8
		1	8		9			5
	6			4	5		3	
		9				4		
			7	6				

（009）

	5		6	4			1	
3		1						8
			1	8			2	
						6		9
6		2				1		4
1		8						
	7			6	8			
4						7		5
	1			9	7		4	

（010）

	9			5			7	
7			3			5		9
	3		1	7				
						2	3	
1		7				6		8
	6	3						
				1	7		9	
8		9			2			4
	1			4			6	

（011）

			3		7		9	
6			2			4		
	9	8				7		
5				8			7	4
			4		1			
9	4			2				8
		7				3	5	
		3			6			9
	2		1		5			

（012）

5	9					7		
	2		7		6			
	1					2	4	5
3		7		2				
			3		4			
				7		3		9
6	8	4					9	
			8		3		1	
		9					7	2

（013）

			4	6				2
2	1							
		4		8		6		9
6	5				8		3	
			6		3			
	9		7				6	1
9		8		2		4		
							8	3
4				3	9			

（014）

5			3				8	
1				7			4	
		3		4		7	2	
			8					6
3		2				5		8
8				7				
	8	6		2		4		
	3			9				2
	1				4			7

（015）

6					9		4	
5		9		6				
			2		1			5
	6	5				1	3	
			9		2			
	8	7				9	5	
1			6		3			
			7			8		6
	2		4					3

（016）

			7		8		9	
	6	9						1
	3			9	6			
3			8			4		6
		4				7		
6		5			9			3
			2	8			3	
4						8	1	
	7		3		4			

（017）

			2		6			
1						2		9
6		2		8		7		
4	3				5		9	
			8		3			
	7		6				4	8
		9		1		6		3
5		6						1
			4		2			

（018）

	3		9		8		2	
9								1
	5						7	
4		2		6		3		7
			7		4			
6		3		9		4		5
	4						1	
7								9
	8		2		3		4	

（019）

9		8		1				
			2	4	3			
4		2				3		
	2				7		6	
5	1						2	7
	9		6				3	
		1				6		2
			8	6	9			
				2		4		5

（020）

		4				2		
		5	3		1			
7					5		3	9
	2	1		4			5	
			5		6			
	4			9		1	6	
8	6		1					4
			8		7	3		
		2				6		

（021）

			8		5		3	
				2		9		5
		2			3		6	
5			6			7		2
	9						4	
6		8			2			3
	7		2			6		
3		5		6				
	2		1		9			

（022）

8		2		9	4			
			2			8	9	
4						5	3	
	4				6			5
3								8
9			1				6	
	2	8						9
	1	9			3			
			9	5		1		7

（023）

	4		8			6		5
	6	8						
	1		6	9				
			9	3				8
6		4				1		7
8				1	6			
				5	4		7	
						8	1	
7		9			3		4	

（024）

8		4				3		
5			9				7	
3				8		9		
	5		2		9		8	
	4						1	
	8		3		5		6	
		5		6				1
	3				7			4
		6				2		7

（025）

3					8		2	
	7		3		2			5
2		9			5			
	5					3	6	4
8	3	1					9	
			7			5		2
7			9		3		8	
	1		5			6		

（026）

	5	9		2		1		
			7	1				
	2					5	8	
6		8	1					
5	1						7	9
					2	8		3
	4	1					5	
				7	8			
		7		5		9	2	

（027）

			9		8			
						7	8	4
8		5			1		3	
2	6		8	5				
		3				2		
				1	2		7	6
	1		5			3		9
9	4	6						
			7		9			

（028）

	3				6	5		
2	4				1			
				8		1		3
			1		8		6	7
		8				9		
7	5		6		3			
1		3		6				
			4				1	6
		2	5				9	

（029）

			3		1			
7		1			8		6	
4						9		2
			8	3			9	
	4	5				7	3	
	9			1	5			
5		8						3
	3		2			5		9
			7		3			

（030）

1			7			4	5	9
9			6					
3			9			1		
	2	1					8	
			1		6			
	6					5	3	
		4			9			5
					1			3
7	1	9			5			4

（031）

	7			3			9	
4						2		5
				2	4		6	
			3		9	7		
7		9				3		8
		3	5		1			
	2		4	6				
8		4						7
	1			9			8	

（032）

	9		8				6	
		6				5		4
	4		1	6				
4		3			8			9
5								1
2			7			3		5
				2	9		3	
9		4				1		
	3				4		8	

（033）

	9					7		4
4		1						8
			8	9		5		
	4				5		1	
		7	1		3	8		
	6		9				3	
		4		6	8			
3						6		5
6		2					4	

（034）

			3		6			1
7		6						3
					1	5		8
	6	4		2			8	
			7		9			
	7			4		1	9	
5		9	2					
6						4		9
1			9		5			

（035）

9		1		7				
			8	3				2
6		3					5	
	1		7				9	
		2	1		9	5		
	5				3		8	
	9					4		8
4				8	5			
				1		6		5

（036）

	4	1	9			7		
7				1	2			
6						1		9
5	1		3					
	8						9	
					1		6	8
4		5						2
				3	9			6
		3			4	9	7	

（037）

		6	2		1	9		
				6				
7		2				8		6
3				1				5
	7		6		8		9	
9			5					7
1		7				6		3
				2				
		9	1		3	7		

（038）

		1	5		6	3		
				3				
2		4				6		5
1			8		7			4
	2						8	
9			3		4			6
3		6				4		1
				7				
		9	6		2	8		

（039）

			6		3		1	8
		6						9
		8			4			6
	9			6		8	2	
			7		5			
	6	2		9			7	
8			2			9		
6						1		
1	3		8		9			

（040）

	2		3		9		
3			2	9			
			1		3		6
	1	7				9	
9	3			6			5
	8			5		4	
7	6		4				
		3		8			4
	5		2			3	

（041）

1		3		9	4		
			5		4		
5		4			9	2	
	1					4	7
		6		1			
2	4				3		
	2	9			5		6
	7		6				
		8	7		3		4

（042）

5		9		7				
			5		4	1		
2				1		6	8	
	6						2	
7		8				5		6
	5						7	
	9	6		5				4
		2	6		1			
				9		8		2

（043）

	6		5		3		1	
		9		6		5		
		4				8		
	5		6		9		8	
9								7
	7		2		4		9	
		2				1		
		3		8		9		
	8		9		1		4	

（044）

	8			1		7		5
9		2			7			
			6					1
	6	4		9			5	
			5		1			
	7			3		4	9	
6					5			
			8			5		9
5		9		7			6	

（045）

				6			1	
7		8				9		
	9		4		2		5	
		5		3		6		
8			2		9			5
		7		8		4		
	7		6		3		8	
		6				3		1
	8			9				

（046）

8	4	6					9	
				9	6		2	
			8				3	
5		3		2				6
			3		4			
2				8		5		3
	6				8			
	5		1	7				
	2					4	5	8

（047）

				6		7	8	
2			5					
6		8		1		2		
			9		2		7	
4		7				9		8
	8		1		4			
		2		4		5		7
					1			6
	4	3		9				

（048）

	1	5			7		4	
9		4		1				5
							2	1
4				1		9		
	9						6	
				7		2		4
3	2							
5				3		2		7
	4		5			1	8	

（049）

	6		8				4	
5		1				9		8
	9				4		1	
4				8		5		
			1		9			
		8		3				1
	2		3				5	
6		9				7		2
	8			6			3	

（050）

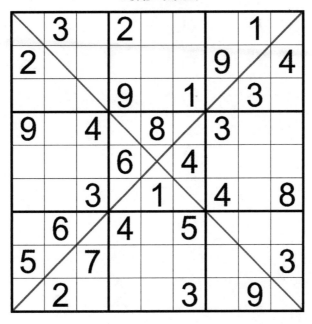

• 对角线数独 •

	3		2				1	
2						9		4
			9		1		3	
9		4		8		3		
			6		4			
		3		1		4		8
	6		4		5			
5		7						3
	2				3		9	

（051）

	7						6	
8			5		7			1
			9		2			
	2	1		5		6	9	
			2		9			
	5	8		7		4	1	
			8		1			
1			7		5			9
	8						3	

（052）

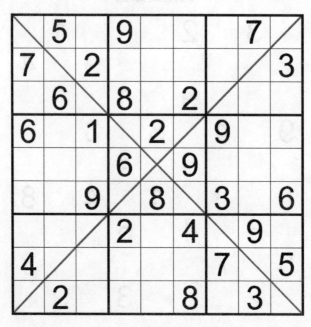

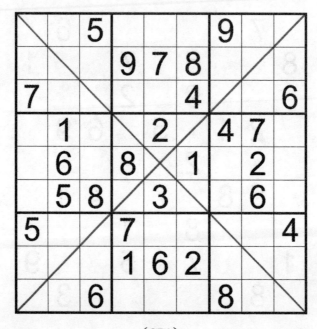

	5		9				7	
7		2						3
	6		8		2			
6		1		2		9		
			6		9			
		9		8		3		6
			2		4		9	
4						7		5
	2				8		3	

（053）

		5				9		
			9	7	8			
7					4			6
	1			2		4	7	
	6		8		1		2	
	5	8		3			6	
5			7					4
			1	6	2			
		6				8		

（054）

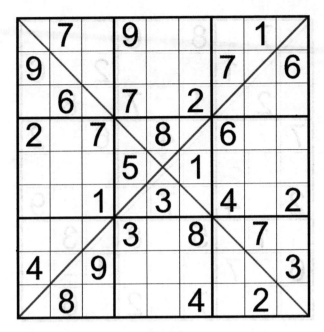

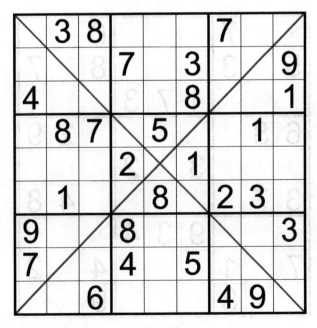

	7		9				1	
9						7		6
	6		7		2			
2		7		8		6		
			5		1			
		1		3		4		2
			3		8		7	
4		9						3
	8				4		2	

（055）

	3	8				7		
			7		3			9
4					8			1
	8	7		5			1	
			2		1			
	1			8		2	3	
9			8					3
7			4		5			
		6				4	9	

（056）

	7		8		6			
	1					2		6
	2		1		7		8	
7				4		6		2
2		4		7				9
	1		5		8		3	
6		7				1		
			7		2		6	

（057）

		7				6		
5		3				8		7
			1	7	3			
6	8						2	9
			3		2			
3	7						4	8
			9	3	4			
7		1				4		2
		8				9		

（058）

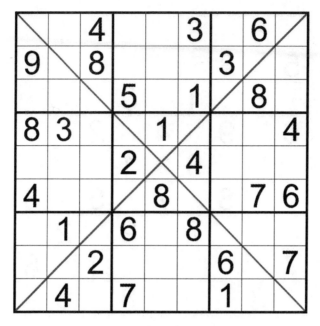

		4			3		6	
9		8				3		
			5		1		8	
8	3			1				4
			2		4			
4				8			7	6
	1		6		8			
		2				6		7
	4		7			1		

（059）

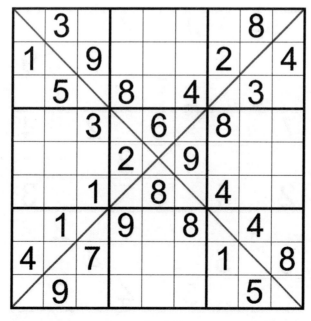

	3						8	
1		9				2		4
	5		8		4		3	
		3		6		8		
			2		9			
		1		8		4		
	1		9		8		4	
4		7				1		8
	9						5	

（060）

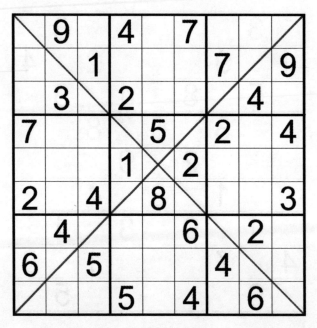

	6		8				1	
5		3						6
	8		1		6			
6		9		4		2		
			9		1			
		8		7		5		3
			7		9		2	
7						1		8
	3				8		5	

（061）

	9		4		7			
		1				7		9
	3		2				4	
7				5		2		4
			1		2			
2		4		8				3
	4				6		2	
6		5				4		
			5		4		6	

（062）

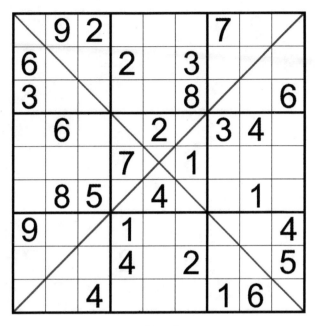

	9	2				7		
6			2		3			
3					8			6
	6			2		3	4	
			7		1			
	8	5		4			1	
9			1					4
			4		2			5
		4				1	6	

（063）

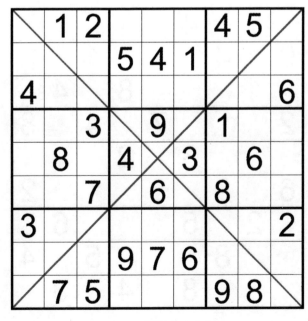

	1	2				4	5	
			5	4	1			
4								6
		3		9		1		
	8		4		3		6	
		7		6		8		
3								2
			9	7	6			
	7	5				9	8	

（064）

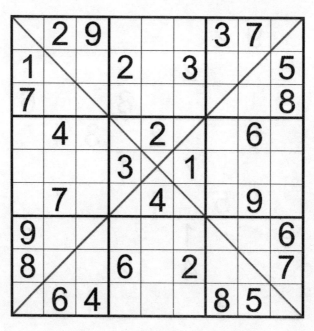

	2	9				3	7	
1			2		3			5
7								8
	4			2			6	
			3		1			
	7			4			9	
9								6
8			6		2			7
	6	4				8	5	

（065）

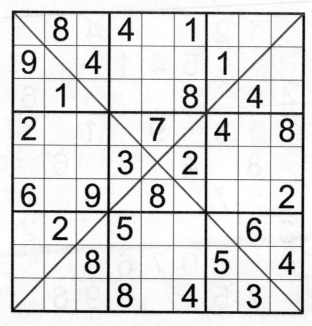

	8		4		1			
9		4				1		
	1				8		4	
2				7		4		8
			3		2			
6		9		8				2
	2		5				6	
		8				5		4
			8		4		3	

（066）

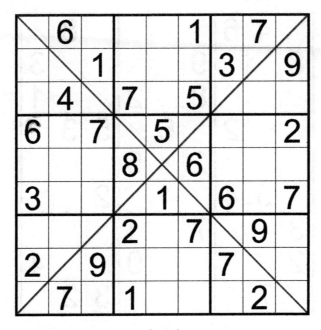

	6				1		7	
		1				3		9
	4		7		5			
6		7		5				2
			8		6			
3				1		6		7
			2		7		9	
2		9				7		
	7		1				2	

（067）

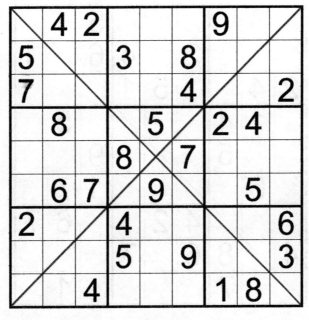

	4	2				9		
5			3		8			
7					4			2
	8			5		2	4	
			8		7			
	6	7		9			5	
2			4					6
			5		9			3
		4				1	8	

（068）

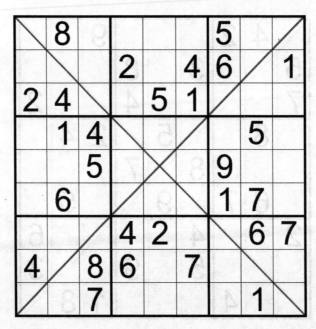

	4	6					8	
8			9					3
			8		2			1
		2		6		5	3	
			2		5			
	5	4		1		2		
3			7		4			
2					9			4
	7					3	2	

（069）

	8					5		
			2		4	6		1
2	4			5	1			
	1	4					5	
		5				9		
	6					1	7	
			4	2			6	7
4		8	6		7			
		7					1	

（070）

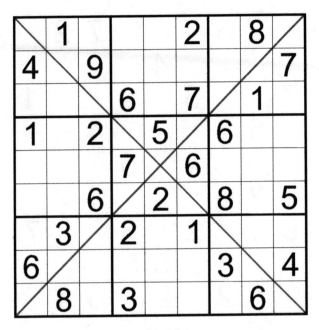

	1				2		8	
4		9						7
			6		7		1	
1		2		5		6		
			7		6			
		6		2		8		5
	3		2		1			
6						3		4
	8		3				6	

（071）

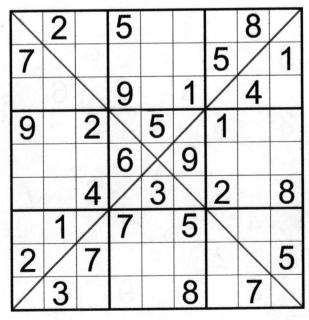

	2		5				8	
7						5		1
			9		1		4	
9		2		5		1		
			6		9			
		4		3		2		8
	1		7		5			
2		7						5
	3				8		7	

（072）

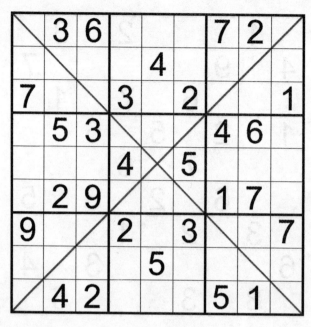

	3	6				7	2	
				4				
7			3		2			1
	5	3				4	6	
			4		5			
	2	9				1	7	
9			2		3			7
				5				
	4	2				5	1	

（073）

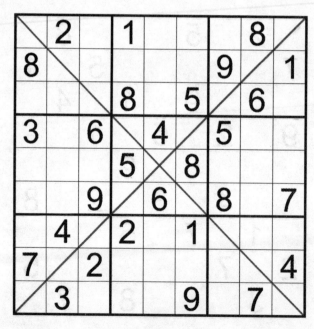

	2		1				8	
8						9		1
			8		5		6	
3		6		4		5		
			5		8			
		9		6		8		7
	4		2		1			
7		2						4
	3				9		7	

（074）

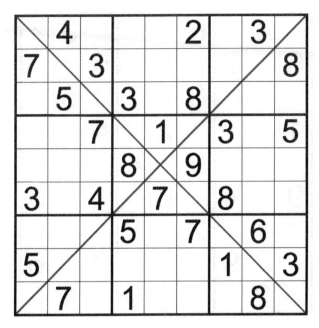

	4				2		3	
7		3						8
	5		3		8			
		7		1		3		5
			8		9			
3		4		7		8		
			5		7		6	
5						1		3
	7		1				8	

（075）

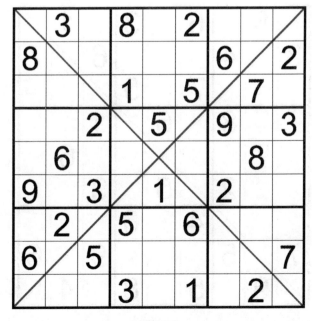

	3		8		2			
8						6		2
			1		5		7	
		2		5		9		3
	6						8	
9		3		1		2		
	2		5		6			
6		5						7
			3		1		2	

（076）

	4		6				3	
6		7				5		
			8		7		6	
1				2		4		5
			9		4			
9		4		8				3
	1		2		8			
		9				2		6
	2				9		1	

（077）

	8		6		3		1	
3		4				6		7
			7		5			
		8		6		1		
	7						6	
		2		5		3		
			4		6			
7		5				9		6
	9		5		8		4	

（078）

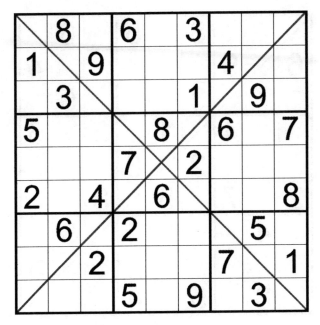

	8		6		3			
1		9				4		
	3				1		9	
5				8		6		7
			7		2			
2		4		6				8
	6		2				5	
		2				7		1
			5		9		3	

（079）

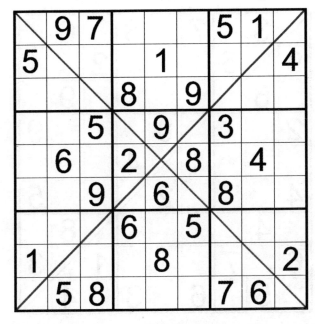

	9	7				5	1	
5				1				4
			8		9			
		5		9		3		
	6		2		8		4	
		9		6		8		
			6		5			
1				8				2
	5	8				7	6	

（080）

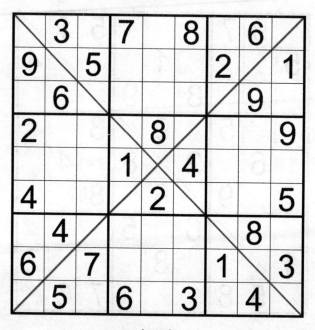

			8		5		6	
6		9						4
	7		3				5	
		4		1		5		6
			2		8			
2		7		5		8		
	4				1		9	
1						6		5
	8		5		4			

（081）

	3		7		8		6	
9		5				2		1
	6						9	
2				8				9
			1		4			
4				2				5
	4						8	
6		7				1		3
	5		6		3		4	

（082）

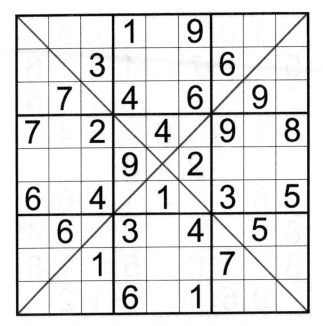

			1		9			
		3				6		
	7		4		6		9	
7		2		4		9		8
			9		2			
6		4		1		3		5
	6		3		4		5	
		1				7		
			6		1			

（083）

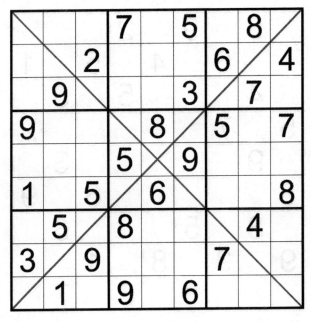

			7		5		8	
		2				6		4
	9				3		7	
9				8		5		7
			5		9			
1		5		6				8
	5		8				4	
3		9				7		
	1		9		6			

（084）

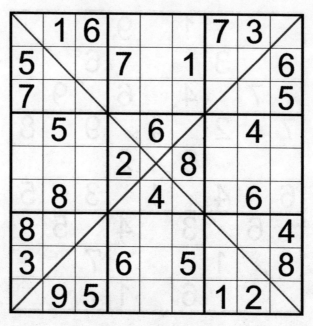

	1	6				7	3	
5			7		1			6
7								5
	5			6			4	
			2		8			
	8			4			6	
8								4
3			6		5			8
	9	5				1	2	

（085）

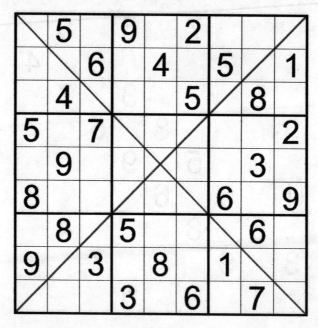

	5		9		2			
		6		4		5		1
	4				5		8	
5		7						2
	9						3	
8						6		9
	8		5				6	
9		3		8		1		
			3		6		7	

（086）

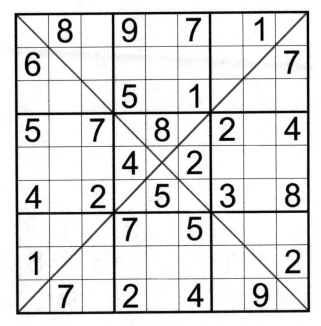

	8		9		7		1	
6								7
			5		1			
5		7		8		2		4
			4		2			
4		2		5		3		8
			7		5			
1								2
	7		2		4		9	

（087）

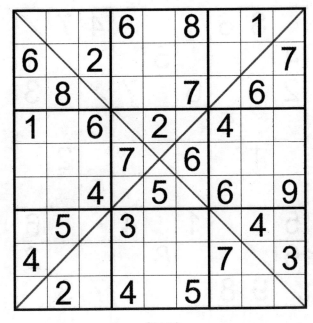

			6		8		1	
6		2						7
	8				7		6	
1		6		2		4		
			7		6			
		4		5		6		9
	5		3				4	
4						7		3
	2		4		5			

（088）

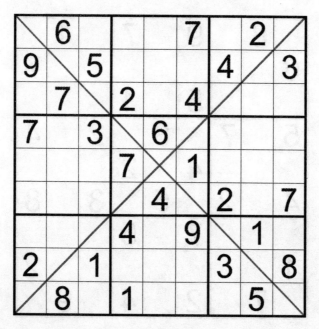

	6				7		2	
9		5				4		3
	7		2		4			
7		3		6				
			7		1			
				4		2		7
			4		9		1	
2		1				3		8
	8		1				5	

（089）

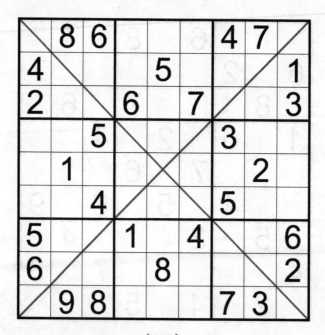

	8	6				4	7	
4				5				1
2			6		7			3
		5				3		
	1						2	
		4				5		
5			1		4			6
6				8				2
	9	8				7	3	

（090）

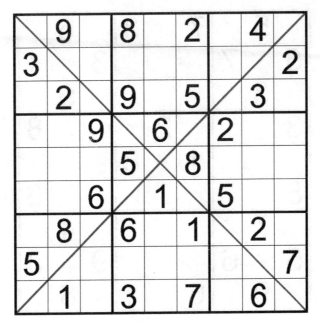

	9		8		2		4	
3								2
	2		9		5		3	
		9		6		2		
			5		8			
		6		1		5		
	8		6		1		2	
5								7
	1		3		7		6	

（091）

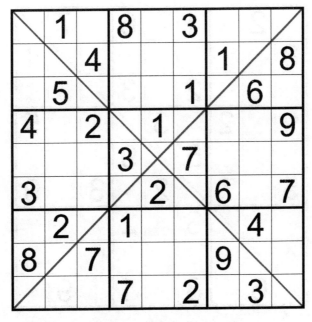

	1		8		3			
		4				1		8
	5				1		6	
4		2		1				9
			3		7			
3				2		6		7
	2		1				4	
8		7				9		
			7		2		3	

（092）

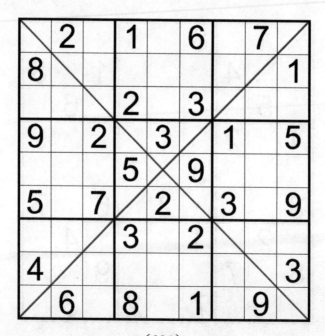

	5		7		3		6	
6		7				3		1
	3						9	
3				2				8
			1		8			
8				7				6
	7						4	
5		6				9		3
	9		6		1		8	

（093）

	2		1		6		7	
8								1
			2		3			
9		2		3		1		5
			5		9			
5		7		2		3		9
			3		2			
4								3
	6		8		1		9	

（094）

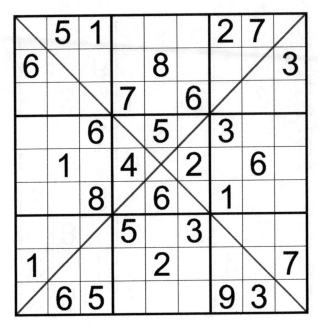

	5	1				2	7	
6				8				3
			7		6			
		6		5		3		
	1		4		2		6	
		8		6		1		
			5		3			
1				2				7
	6	5				9	3	

（095）

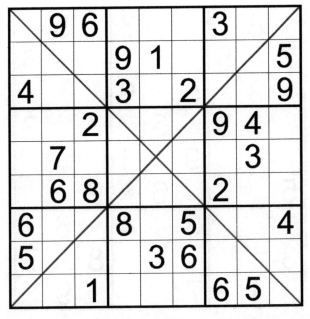

	9	6				3		
			9	1				5
4			3		2			9
		2				9	4	
	7						3	
	6	8				2		
6			8		5			4
5				3	6			
		1				6	5	

（096）

	1		5					
2		7				9		
	6		2		1		3	
5		9		6		2		
			7		5			
		1		2		5		8
	7		3		2		8	
		4				1		3
					7		5	

（097）

	8				7		5	
7		5						6
	3		5		9			
		9		5		7		3
			9		1			
5		7		6		9		
			3		4		6	
3						8		7
	1		7				9	

（098）

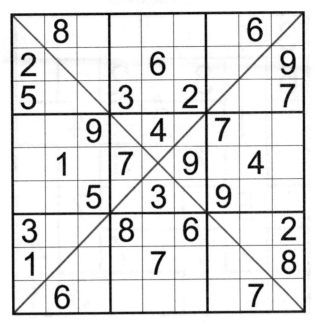

	8						6	
2				6				9
5			3		2			7
		9		4		7		
	1		7		9		4	
		5		3		9		
3			8		6			2
1				7				8
	6						7	

（099）

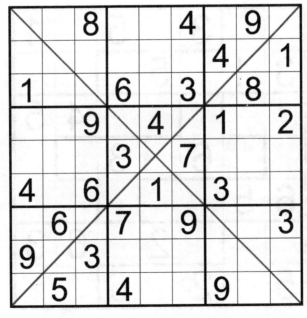

		8			4		9	
						4		1
1			6		3		8	
		9		4		1		2
			3		7			
4		6		1		3		
	6		7		9			3
9		3						
	5		4			9		

（100）

·七宫不规则数独·

3	4					
6		3		2		
	1		2		4	
		7		4		
	5		1		7	
		1		7		4
					3	1

（101）

		3		5		1
3	1		5			
					4	5
		6		3		
6	5					
			2		6	3
5		2		6		

（102）

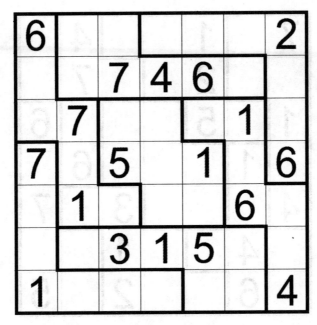

6						2
		7	4	6		
	7				1	
7		5		1		6
	1				6	
		3	1	5		
1						4

（103）

	2	5		7	6	
7			2			6
2						7
5						4
1			4			2
	1	4		2	7	

（104）

7		1			4	
		2			7	
1		5				6
	1				6	
4				3		7
	4			1		
	6			2		5

（105）

	7		6	5		
		6				1
5		4				7
	6				1	
1			7			4
7				2		
	3	4		7		

（106）

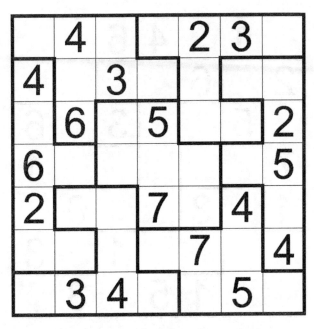

	4			2	3	
4		3				
	6		5			2
6						5
2			7		4	
				7		4
	3	4			5	

（107）

	1				4	
4		5		7		1
			1			
5		6		4		7
			6			
6		2		1		3
	4				6	

（108）

	1		4	6		
2		6				
	5			3		6
7						1
1		3			6	
				1		3
		1	5		3	

（109）

		7	6			
		1		7	4	
5	3				6	
1						5
	1				2	4
	7	2		5		
				1	2	

（110）

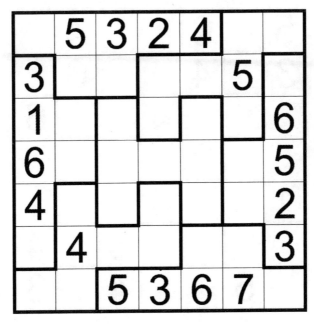

	5	3	2	4		
3					5	
1						6
6						5
4						2
	4					3
		5	3	6	7	

（111）

				5		1
	5	7				4
7			5		1	
5						3
	3		2			7
2				6	3	
3		5				

（112）

5		6			4	
3		4			6	
			4			6
		2		7		
1			6			
	3			6		4
	5			4		3

（113）

	5		6		3	
	6	3				4
2						5
		7		1		
6						7
5				4	7	
	1		4		2	

（114）

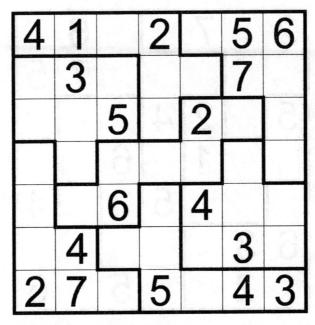

4	1		2		5	6
	3				7	
		5		2		
		6		4		
	4				3	
2	7		5		4	3

（115）

2		4		6		
		3	5			
5	4					6
	5				4	
6					2	4
			3	7		
		6		2		5

（116）

2		7			6		
						7	5
5		2	4				
	1		6				
		5	3			4	
6	3						
	2		5			6	

（117）

	2	4		5			
						5	2
3			4		2		
		3		2			
	6		7				3
2	3						
		6		1	3		

（118）

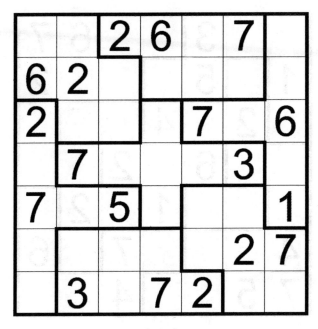

		2	6		7	
6	2					
2				7		6
	7				3	
7		5				1
					2	7
	3		7	2		

（119）

3			7		4	
	1					5
			2	1		
6		3		4		2
		1	5			
7					1	
	3		6			4

（120）

		3			6	7
1		5				2
	2		4			
		6		2		
			1		2	
4				7		6
7	5			4		

（121）

			1	7		3
	4	7				
	1			6		7
6			7			2
1		3			6	
				3	4	
2		6	4			

（122）

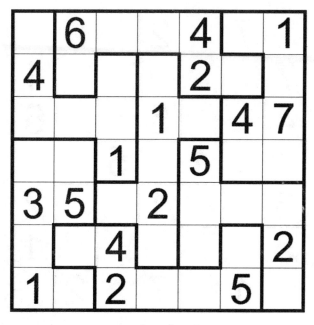

	6			4		1
4				2		
			1		4	7
		1		5		
3	5		2			
		4				2
1		2			5	

（123）

5		2			7	
		4			3	
3			4			2
	5				4	
1			2			4
	3			4		
	2			3		5

（124）

	7		2		5	
7						4
4			5			6
		1		5		
3			1			2
5						1
	1		7		2	

（125）

		1		6		7
		1				6
		6		5		3
		5		4		3
5				3		1
3						6
1		5		3		

（126）

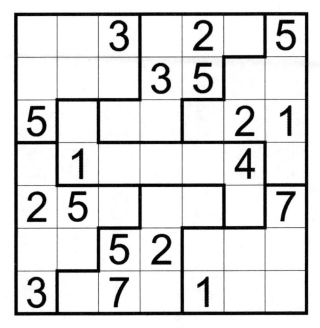

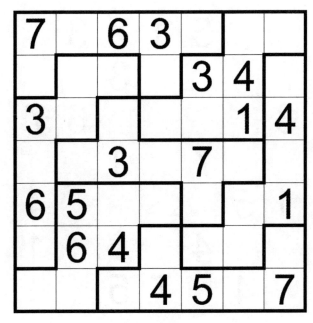

		3		2		5
			3	5		
5					2	1
	1				4	
2	5					7
		5	2			
3		7		1		

（127）

7		6	3			
				3	4	
3					1	4
		3		7		
6	5					1
	6	4				
			4	5		7

（128）

		1		3		
	1		6		3	
		3		2		
5	3				6	2
		5		6		
	2		5		1	
		4		1		

（129）

		5	1		3	
7				3		
3					6	7
		7		1		
1	5					4
		4				1
	4		7	5		

（130）

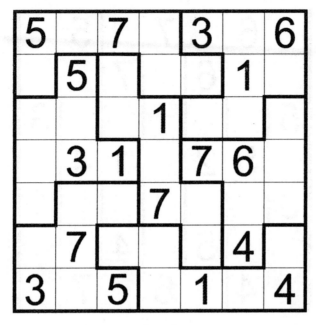

5		7		3		6
	5				1	
			1			
	3	1		7	6	
			7			
	7				4	
3		5		1		4

（131）

		5				3
			2	4	5	
1		2			7	
	5				3	
	2			7		6
	6	7	3			
5				3		

（132）

	6		7		5	
		6		7		
5						3
	5	2		1	4	
3						1
		5		4		
	4		6		7	

（133）

		7	5		6	
				6		3
4	7		6			
		5		7		
			3		1	5
1		4				
	6		4	5		

（134）

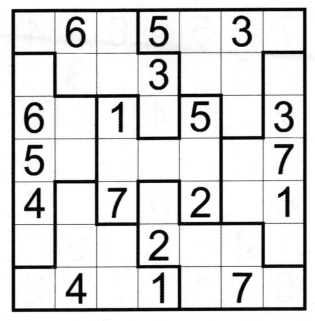

	6		5		3	
			3			
6		1		5		3
5						7
4		7		2		1
			2			
	4		1		7	

（135）

	7	5		1		
1					5	
7			1			5
		1		7		
2			4			1
	1					4
		6		4	1	

（136）

7		5		6		4
	5				3	
2			4			6
6			5			3
	4				6	
5		1		7		2

（137）

		5		3	4	
	1	4				6
7	6					2
4					1	3
1				2	6	
	4	1		6		

（138）

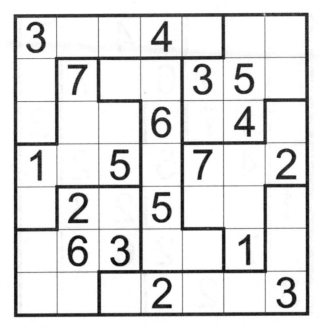

3			4			
	7			3	5	
			6		4	
1		5		7		2
	2		5			
	6	3			1	
			2			3

（139）

			6	4	3	
6		5				2
		6				3
	4		7		6	
3				6		
7				3		6
	6	4	3			

（140）

				4		7
		1	6		7	
	1	7				2
	4		5		2	
1				2	3	
	7		2	6		
3		2				

（141）

7		6		3		
	6					7
	2		1			5
	1				2	
1			4		6	
6					4	
		3		1		4

（142）

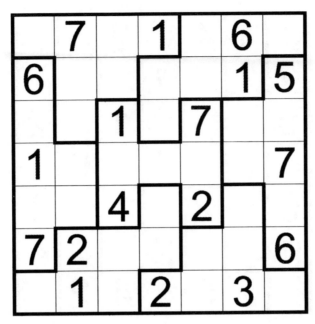

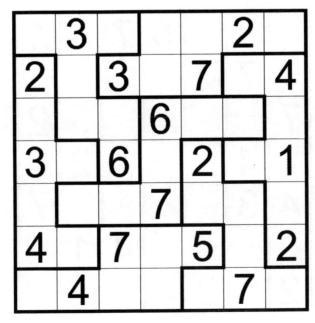

	7		1		6	
6					1	5
		1		7		
1						7
		4		2		
7	2					6
	1		2		3	

（143）

	3				2	
2		3		7		4
			6			
3		6		2		1
			7			
4		7		5		2
	4				7	

（144）

	1	4		2		
2			1			
5				1		2
	2		3		6	
6		2				1
			2			4
		5		4	2	

（145）

			5	7		1
	7	1				
7					3	2
	4				2	
4	3					7
				4	1	
2		3	4			

（146）

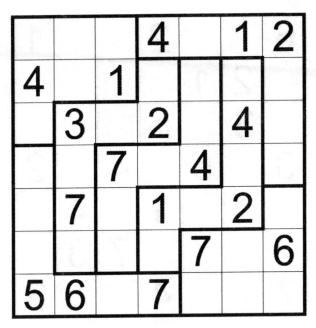

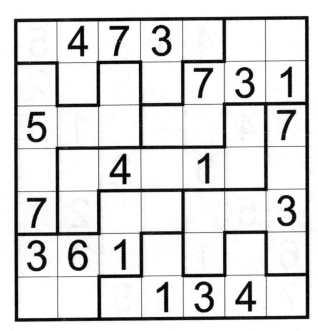

			4		1	2
4		1				
	3		2		4	
		7		4		
	7		1		2	
				7		6
5	6		7			

（147）

	4	7	3			
				7	3	1
5						7
		4		1		
7						3
3	6	1				
			1	3	4	

（148）

6			2			1
	2	1				
	3		5			
3		5		4		2
			1		4	
				7	3	
7			4			3

（149）

		4	1			5
	7			5		2
	4				1	
		5		2		
	5				2	
6		1			3	
7			3	6		

（150）

• 六宫杀手数独 •

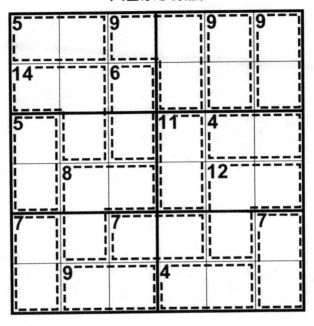

（151）

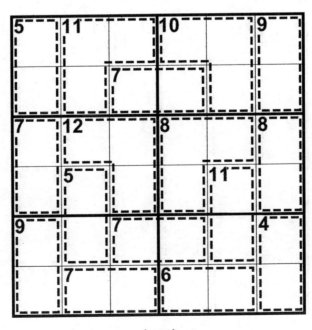

（152）

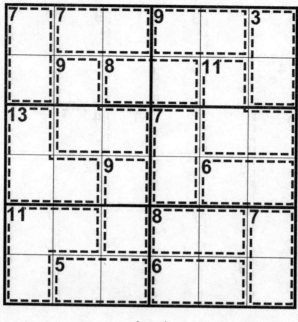

（153）

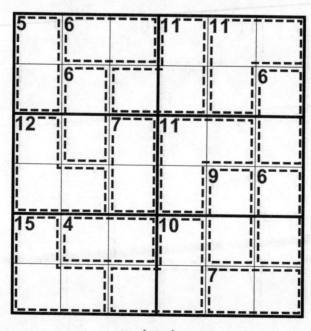

（154）

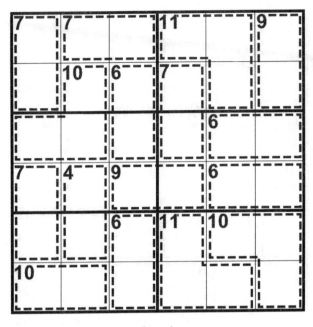

（155）

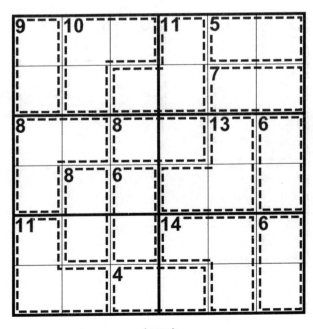

（156）

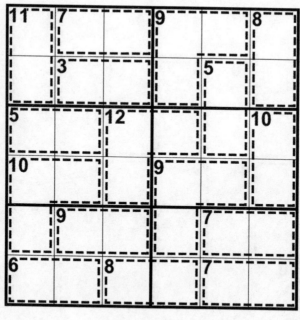

（157）

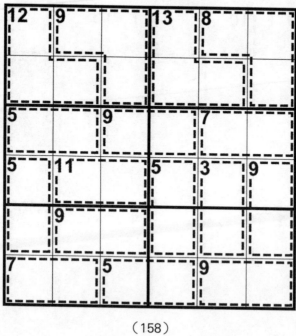

（158）

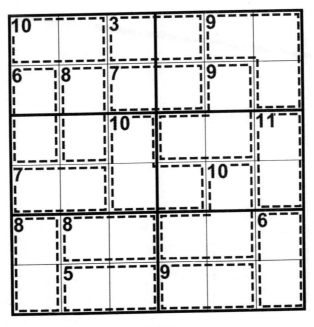

（159）

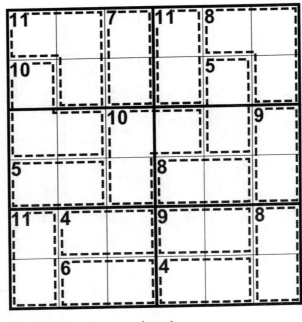

（160）

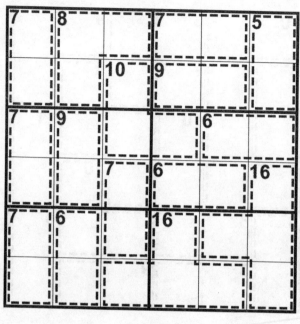

（161）

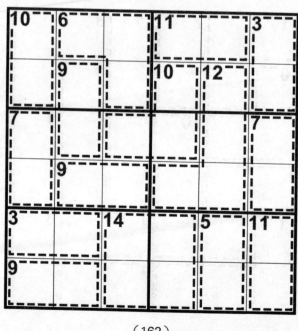

（162）

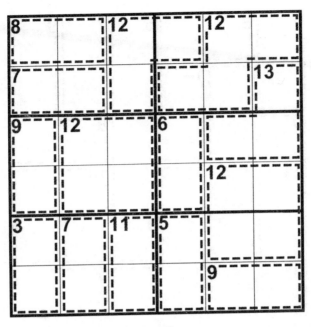

（163）

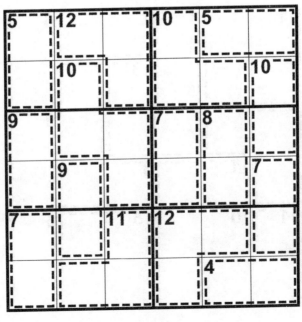

（164）

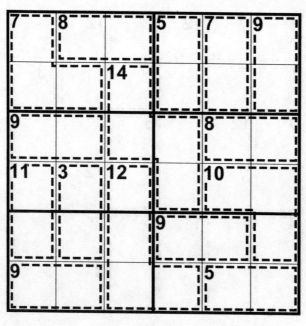

（165）

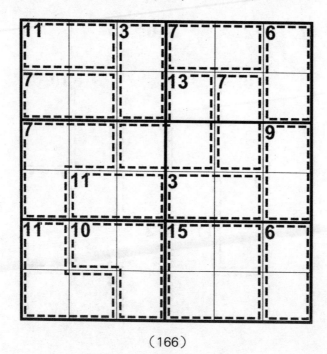

（166）

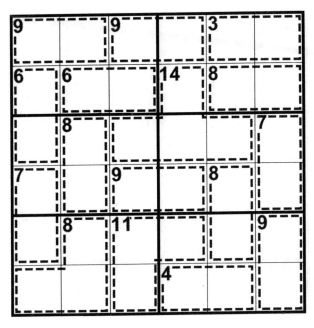

（167）

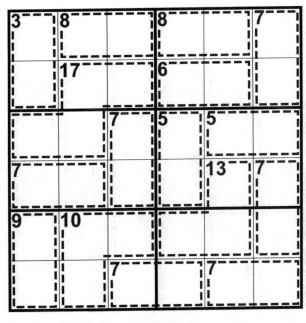

（168）

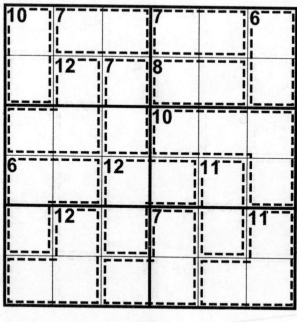

（169）

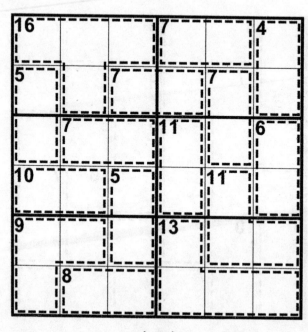

（170）

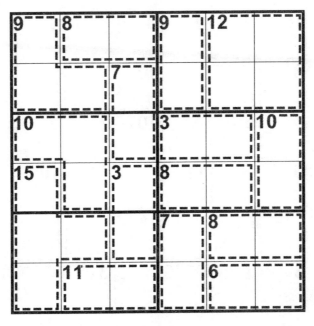

（171）

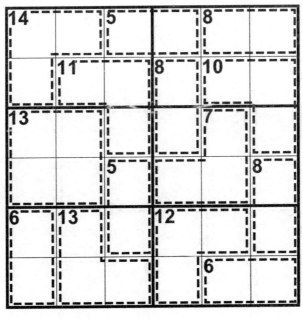

（172）

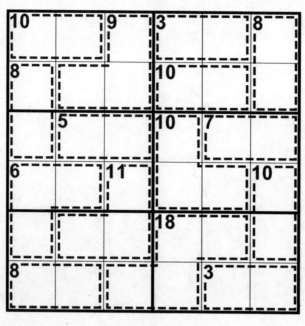

（173）

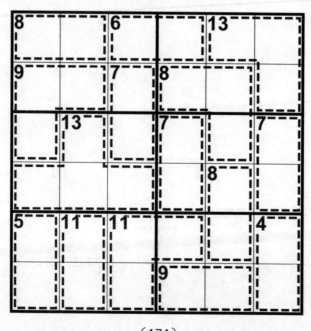

（174）

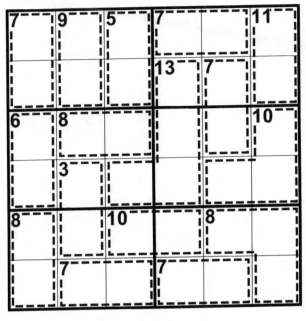

（175）

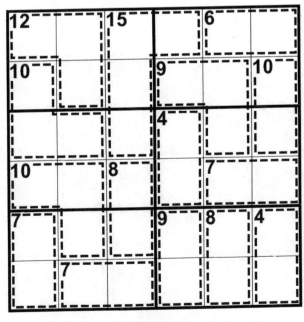

（176）

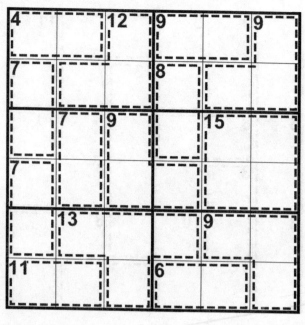

（177）

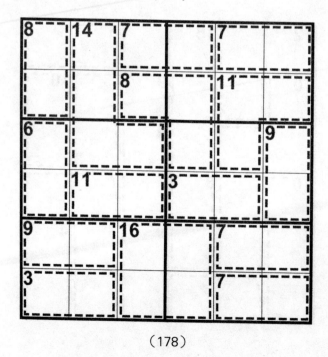

（178）

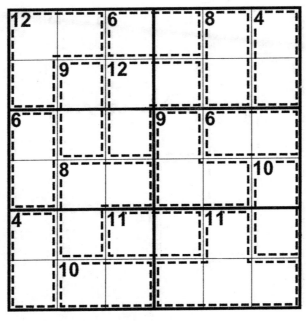

（179）

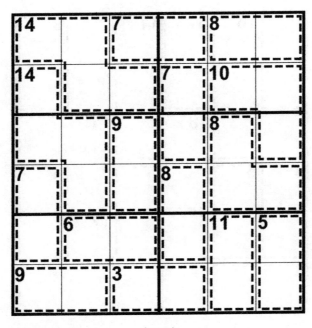

（180）

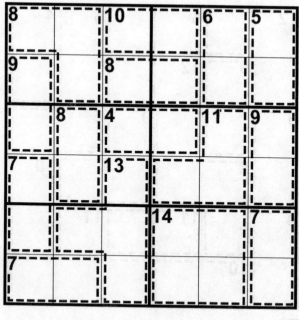

（181）

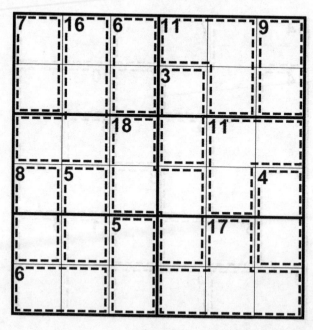

（182）

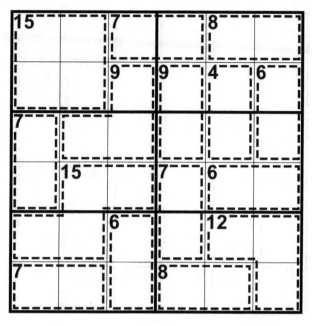

（183）

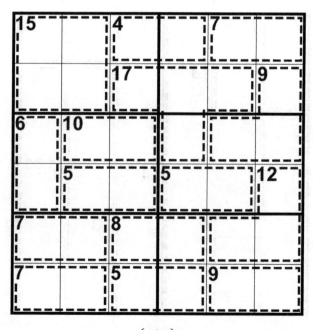

（184）

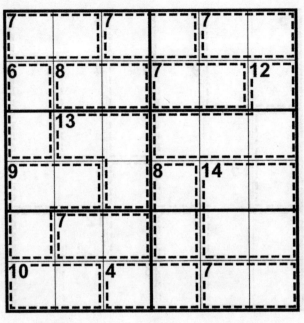

（185）

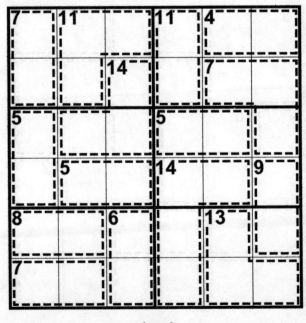

（186）

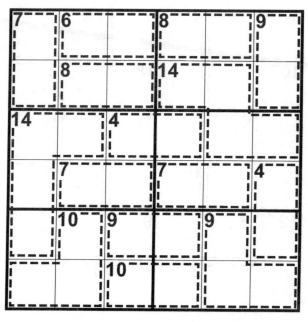

（187）

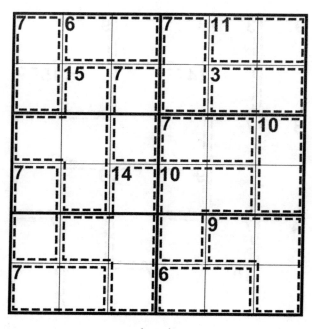

（188）

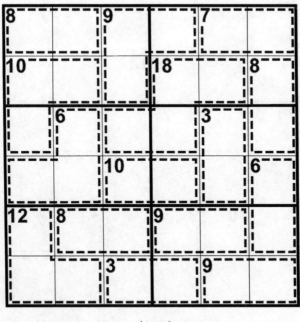

（189）

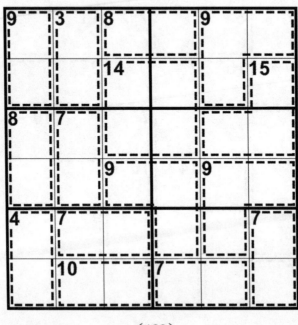

（190）

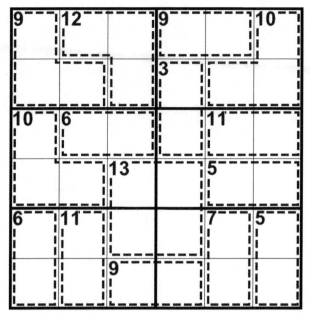

（191）

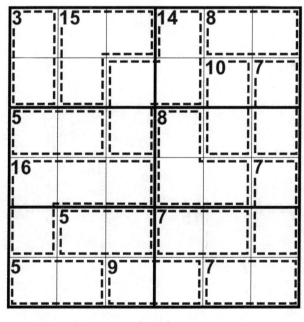

（192）

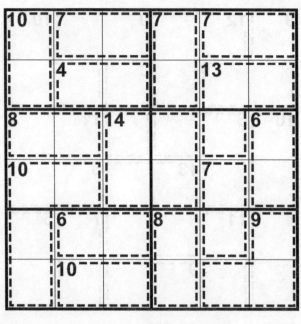

（193）

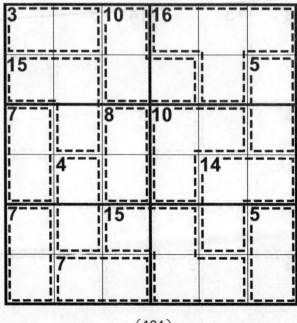

（194）

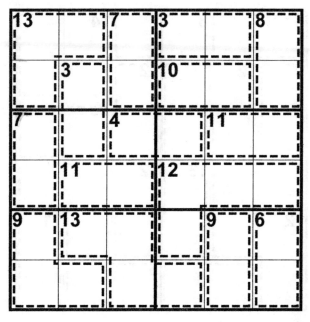

（195）

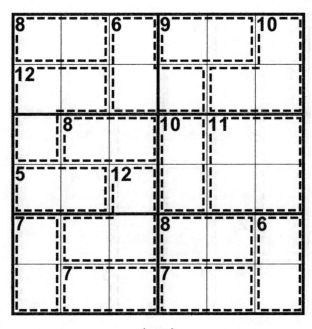

（196）

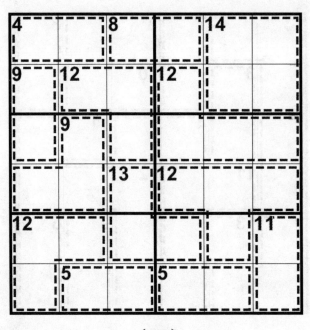

（197）

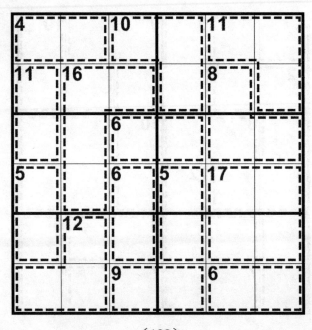

（198）

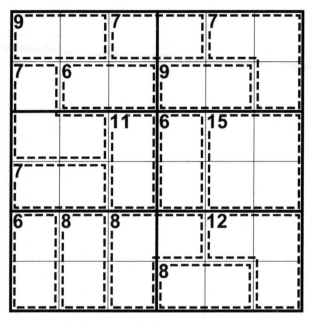

（199）

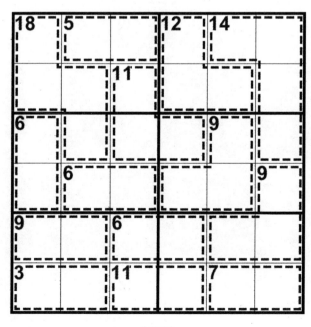

（200）

第三章

2017 北京市中小学
数独比赛真题

· U12组（个人精英赛 第1轮）·

	6		9		3		4	
5		7				6		3
	4		6	5	8		1	
7		9				8		4
		2		6		9		
4		6				3		1
	1		7	2	6		3	
6		8				1		5
	7		5		1		9	

（001）

	9		7		4		8	
6		4				7	2	
	7			9	6		3	
7			3			8		2
5		8		7		3		1
9		3			1			5
	3		1	6			5	
	5	6				2		7
	1		2		5		6	

（002）

Puzzle (003):

8		1			6		7	
7		5				8		9
			2	8	7			
	1			6	4		9	
		9				4		
	7		9	1			8	
			1	2	9			
2		8				7		1
	4		7			9		3

（003）

Puzzle (004):

	3	7				4	5	
9			4		5			6
5				1				2
	2		7		4		9	
		5				7		
	9		6		1		2	
2				4				7
6			5		2			9
	8	4				2	3	

（004）

			9	5		3	8	
6		3						
8		5		7			6	
4			8		9			
		6				9		
			2		5			1
	3			9		8		4
						2		6
	6	7		8	3			

（005）

6	8	2						
			1			2		
				5		7	6	
2			9		8			7
9	4						8	1
7			3		5			6
	2	3		9				
		1			7			
						1	5	2

（006）

·U12组（个人精英赛 第2轮）·

2							1	6
5		8			3			
			6	2	5		4	
	5	1		9		7		
		2	4		6	9		
		3		1		6	2	
	2		7	5	4			
			3			4		2
8	4							5

（007）

2		1		7	3			
					4	3		
3		7			5		9	
				3		5	8	9
5			8		6			2
7	8	2		4				
	2		3			7		6
		4	7					
			4	6		9		1

（008）

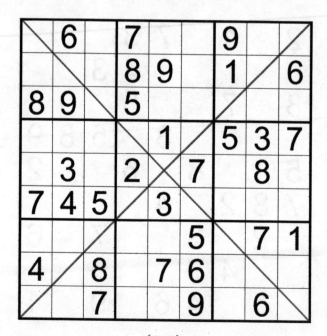

	5		8		7		3	
7		3				8		4
	9		6		3			
8				7		3		6
			2		6			
6		7		8				2
			4		1		8	
3		4				1		5
	6		3		8		4	

（009）

	6		7			9		
			8	9		1		6
8	9		5					
				1		5	3	7
	3		2		7		8	
7	4	5		3				
					5		7	1
4		8		7	6			
		7			9		6	

（010）

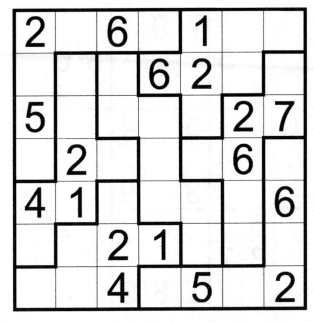

（011）

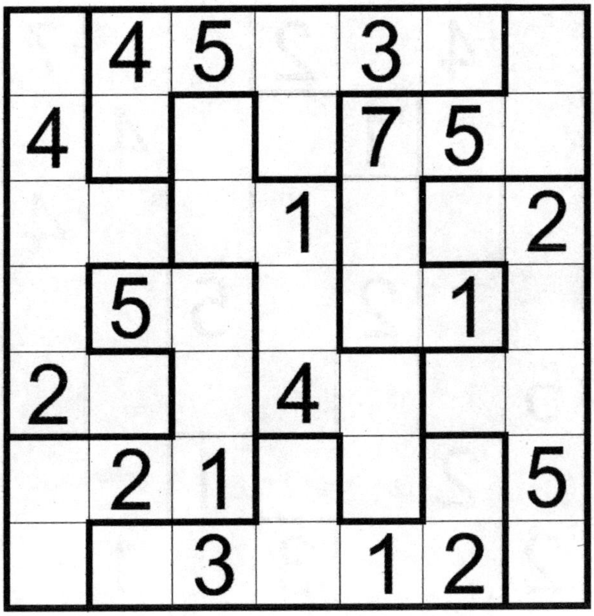

（012）

·U12组（决赛 第1轮）·

			7	9	1			
		5					8	6
	1							4
6			5		4			
		4				2		
			3		9			5
	5						2	
	3	7				9		
			2	8	3			

（013）

	4		2					7
		1				4		
								4
			2		5			
5								
	2				1			
2				3		1		

（014）

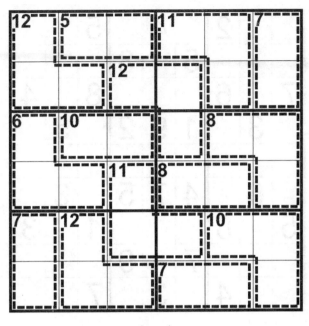

（015）

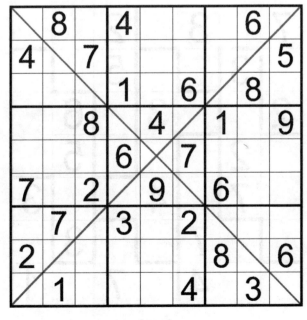

	8		4				6	
4		7						5
			1		6		8	
		8		4		1		9
			6		7			
7		2		9		6		
	7		3		2			
2						8		6
	1				4		3	

（016）

·U12组（决赛 第2轮）·

		2		4		5		
			5		8			
7		6				8		4
	3		1	9	2		5	
	6		4	7	5		3	
5		8				1		3
			7		9			
		4		3		7		

（017）

7		3		2		
	3			5		
2		3		6		
	2			5		
	7		4			3
		7		3		
	4		7			1

（018）

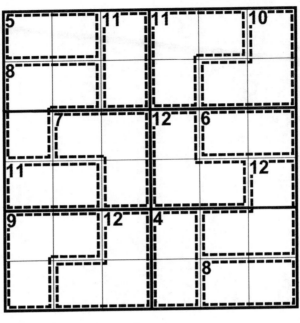

(019)

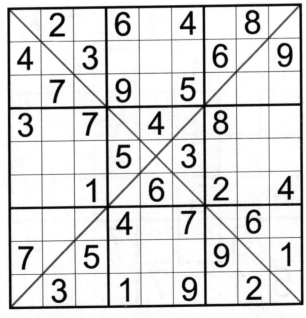

	2		6		4		8	
4		3				6		9
	7		9		5			
3		7		4		8		
			5		3			
		1		6		2		4
			4		7		6	
7		5				9		1
	3		1		9		2	

(020)

• U12组（决赛 第3轮）•

		3		5	6		7
	8		1	7			
	9				5		1
9			5			7	6
	4	7		1		5	
7	2		4				8
2		9				1	
		2	7		8		
5		3	1		9		

（021）

			1			7	5
2		1			6		
				6			1
		7		4			
4		3					
	3			7			4
5	1		7				

（022）

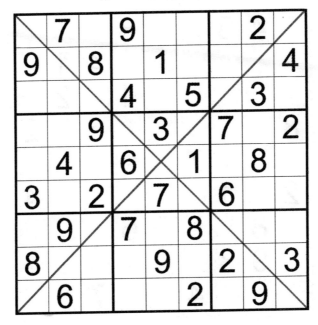

	7		9				2	
9		8		1				4
			4		5		3	
		9		3		7		2
	4		6		1		8	
3		2		7		6		
	9		7		8			
8				9		2		3
	6				2		9	

（023）

·U12组（决赛 第4轮）·

	4	5			8			
						4	1	
			6		1		2	
8						6		2
			7		9			
2		1						4
	8		5		6			
	9	3						
			4			7	3	

（024）

						4		
				4	3			1
			4			1		
	5					7		
	2			7				
6		5	7					
	3							

（025）

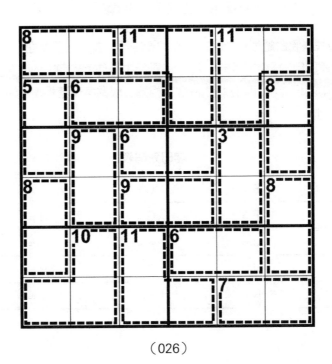

（026）

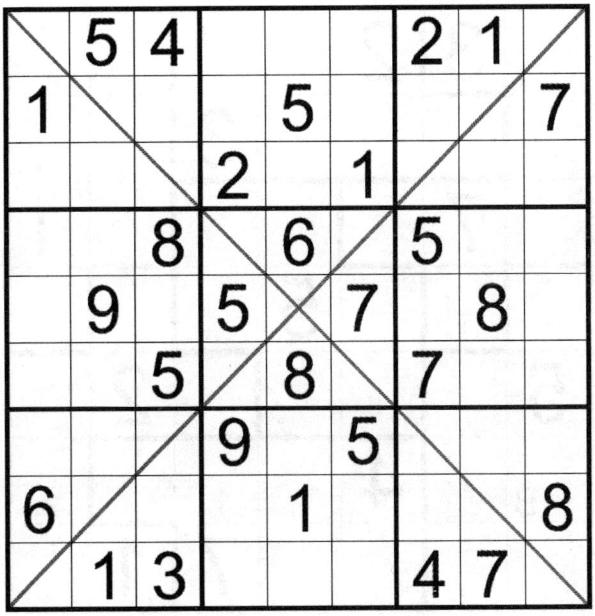

	5	4					2	1
1				5				7
		2			1			
	8			6		5		
	9		5		7		8	
		5		8		7		
		9			5			
6				1				8
	1	3				4	7	

（027）

• U12组（团体赛 第1轮）•

字母关联混合题型：每队共完成12道题目，题目会正反面打印在6张试卷上，每道题目中含若干字母，在12道题目中每种字母均出现两次，出现在不同题目中的相同字母所在格内的数字相同，根据字母互相串联的线索解出这12道题目。

字母对照表

A = ______	B = ______	C = ______	D = ______
E = ______	F = ______	G = ______	H = ______
I = ______	J = ______	K = ______	L = ______
M = ______	N = ______	O = ______	P = ______
Q = ______	R = ______	S = ______	T = ______

	3	2				
				3		A
	7					1
			5			
5					2	
B		4				
				7	1	

（028）

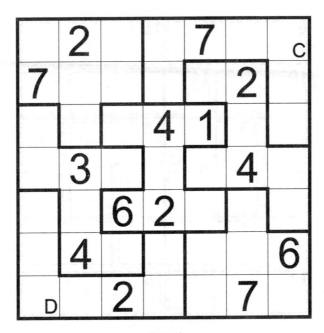

（029）

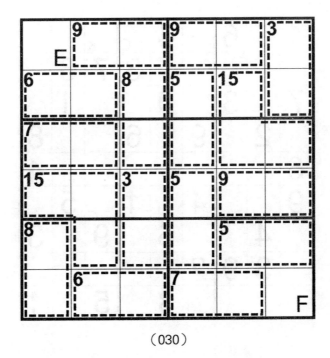

（030）

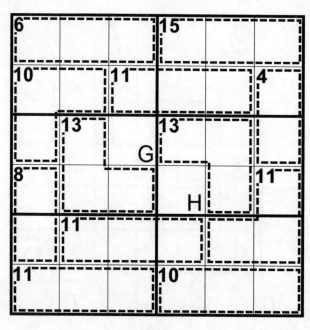

（031）

1		6		4	C	K		
					3	7	6	
7		3		9			1	
	2		9		6			8
6								4
9			4		1		5	
	4			6		9		3
	3	9	2					
		J	I	3		5		1

（032）

D		1			8		4	
	M					1	2	8
2				3	9		5	
				7		9		2
		3	6		1	8		
9		7		2				
	5		9	1				6
8	3	2					N	
	6		5			7		L

（033）

5			1	8		3		
3		1	5					
6				4	3	7	5	
	6			G	L		8	
4								5
	2			O	N		7	
	1	9	4	2				8
					5	2		4
		4		3	1			7

（034）

	3			4		
	4		1		5		7	
7			3		4			5
	2	9		F		6	8	
			M		K			
	3	7		P		5	2	
9			4		7			3
	5		2		9		4	
	4			9				

（035）

	9		1			7		
6		8			1		2	
	5		6		7		8	
Q		6		3		9		B
		9			2			
I		9		4		2		E
	6		4		9		1	
4		5				7		6
	1			6		2		

（036）

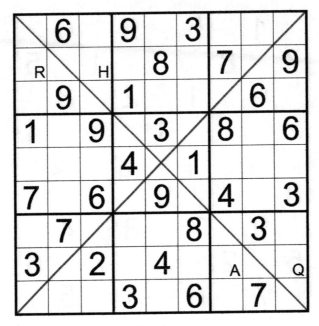

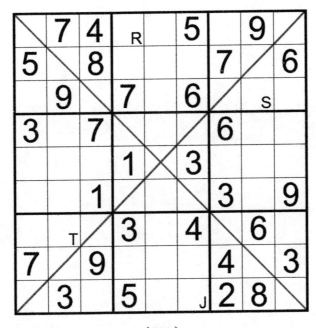

	6		9		3			
R		H		8		7		9
	9		1				6	
1		9		3		8		6
			4		1			
7		6		9		4		3
	7				8		3	
3		2		4		A		Q
			3		6		7	

（037）

	7	4	R		5		9	
5		8				7		6
	9		7		6		S	
3		7				6		
			1		3			
		1				3		9
	T		3		4		6	
7		9				4		3
	3		5		J	2	8	

（038）

	1		5		9		6	
7		8				1		5
	6		1		2		8	
2				1				4
	T		P		O		S	
8				9				1
	9		7		8		4	
5		2				7		6
	7		6		1		5	

（039）

• U12组（团体赛 第2轮）•

无九数独棋：比赛开始后选手把下面的题目用数独棋摆出，再用数独棋完成该题。本轮使用的数独棋中只有数字1~8，没有数字9，选手在摆题和解题过程中将数字9应填的格空出即可。

6			1				5	
4			5	3		9		
3						8	4	
	7	4						2
			3		7			
2						7	1	
	6	9						4
		1		4	6			8
	4				1			3

（040）

第四章

2018 北京市中小学生
阳光体育系列活动
数独比赛真题

·U12组（初赛 第1轮）·

		2			8		9	
9		5				3	6	
				9	5		7	
8			4		1			
		6				9		
			9		3			1
	9		8	2				
	4	7					8	3
	1		7			4		

（001）

		6				8		
5				4				1
7			6		2			5
	7	9				5	3	
			1		9			
	2	4				6	1	
9			4		1			3
8				5				2
		7				1		

（002）

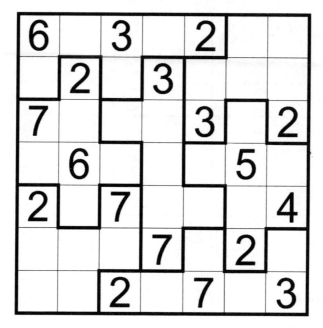

（003）

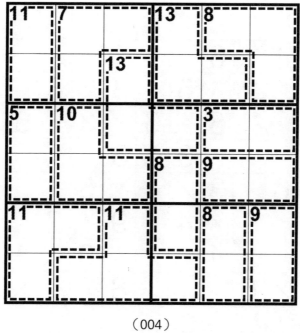

（004）

•U12组（初赛 第2轮）•

1		6			7			
			4	5		6		
4	3				9		1	
5						1		4
			5		2			
7		1						6
	4		9				3	1
	5		4	2				
			8			9		5

（005）

			1				9	
4		6				1		
	2		6		3		8	
		8		6		3		9
			3		5			
6		3		4		5		
	1		4		9		2	
		4				9		1
	6			8				

（006）

136

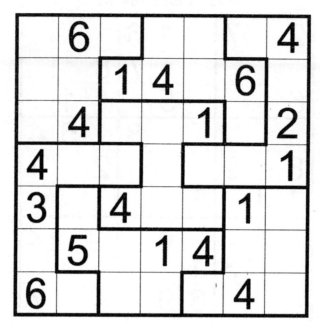

（007）

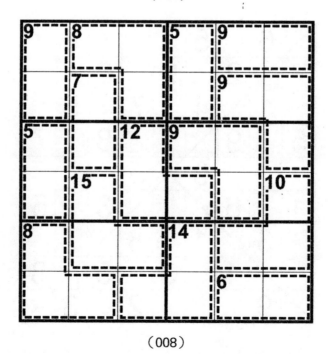

（008）

·U12组（初赛 第3轮）·

2		7			1	6		
						7	8	
6				5			1	
					8		5	4
8		9				2		1
7	4		5					
	6			8				2
	3	1						
			6	9		4		7

（009）

	6		5				8	
7		2		9		6		
	1		4		7		5	
5		9				8		7
			9		5			
1		6				3		5
	3		1		8		7	
	1		3		5		8	
	9			2		3		

（010）

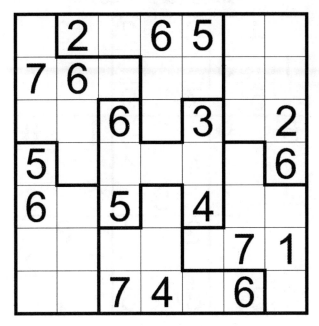

（011）

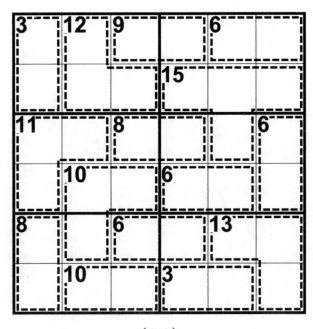

（012）

•U12组（决赛 第1轮）•

	4		6		2		3	
1		3						7
	5		7		9			
5		9		2		1		8
			1		4			
4		1		9		2		3
			2		1		8	
8						7		2
	3		8		6		1	

（013）

	7	2				1	8	
3			8		7			5
	8			5			3	
		4	9		1	5		
1								4
		7	3		5	2		
	2			6			5	
4			7		2			6
	1	6				9	4	

（014）

7	8	9			1			
			9		6			
	6					3	8	
9				1	3			
8		3				6		4
			8	4				7
	7	5					2	
			5		4			
			2			5	9	1

（015）

2		3		6				
			8	2		3	9	
5						4	2	
	2				1			
4	6						8	1
			2				5	
	8	4						7
	5	7		1	8			
				9		8		3

（016）

6					8			
	2						1	6
				1	6		4	
5		8						
4			8		3			7
						6		3
	8		5	3				
	1	5					7	
			6					9

（017）

5				9				
			2	7		4		
4		2				6		
					7		1	8
	8						5	
9	1		8					
		3				9		1
		6		2	3			
				5				6

（018）

• U12组（决赛 第2轮）•

	4		1		3	
	1				4	
4		5		7		2
3		6		1		4
	3				7	
	2		4		6	

（019）

2					1	
					3	2
		5	3	2		
		3		1		
		4	5	7		
4	5					
	7					3

（020）

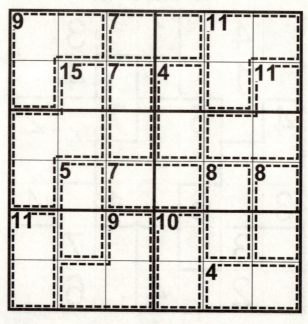

（021）

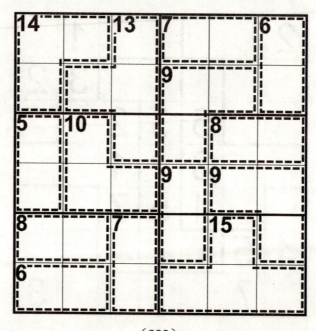

（022）

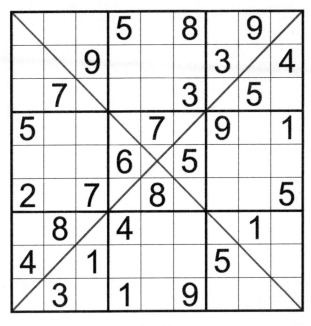

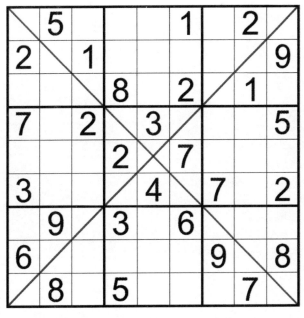

			5		8		9	
		9				3		4
	7				3		5	
5				7		9		1
			6		5			
2		7		8				5
	8		4				1	
4		1				5		
	3		1		9			

（023）

	5				1		2	
2		1						9
			8		2		1	
7		2		3				5
			2		7			
3				4		7		2
	9		3		6			
6						9		8
	8		5				7	

（024）

第五章

答 案

•数独练习题答案•

6	7	2	3	1	8	9	4	5
3	8	4	6	5	9	1	2	7
5	1	9	2	4	7	8	6	3
9	2	7	1	8	3	4	5	6
8	6	5	7	9	4	2	3	1
1	4	3	5	6	2	7	9	8
4	3	1	8	2	5	6	7	9
7	9	6	4	3	1	5	8	2
2	5	8	9	7	6	3	1	4

（001）

7	8	5	4	6	3	9	1	2
6	4	1	5	9	2	3	8	7
3	9	2	7	8	1	4	5	6
4	5	8	1	3	6	2	7	9
1	2	3	9	7	4	8	6	5
9	6	7	8	2	5	1	4	3
2	7	4	3	5	8	6	9	1
5	1	6	2	4	9	7	3	8
8	3	9	6	1	7	5	2	4

（002）

8	6	2	5	1	3	7	9	4
3	4	5	7	9	8	6	2	1
9	7	1	2	6	4	3	5	8
7	1	9	8	4	2	5	6	3
2	5	8	6	3	7	4	1	9
6	3	4	9	5	1	2	8	7
5	8	6	4	7	9	1	3	2
4	9	3	1	2	5	8	7	6
1	2	7	3	8	6	9	4	5

（003）

6	7	3	8	2	9	5	1	4
1	9	2	5	7	4	3	6	8
5	4	8	6	1	3	2	9	7
2	1	9	4	5	7	8	3	6
8	3	7	1	9	6	4	5	2
4	6	5	2	3	8	1	7	9
3	2	4	7	6	1	9	8	5
7	8	1	9	4	5	6	2	3
9	5	6	3	8	2	7	4	1

（004）

3	6	8	4	1	2	9	5	7
1	7	9	5	6	3	8	2	4
4	5	2	8	7	9	1	3	6
9	3	4	7	8	5	6	1	2
2	1	6	3	9	4	7	8	5
5	8	7	6	2	1	3	4	9
8	4	1	9	5	7	2	6	3
6	9	3	2	4	8	5	7	1
7	2	5	1	3	6	4	9	8

（005）

6	7	2	9	1	5	4	8	3
1	9	3	6	8	4	5	7	2
4	8	5	7	2	3	1	6	9
8	1	4	5	7	2	3	9	6
2	3	7	4	6	9	8	1	5
9	5	6	1	3	8	7	2	4
3	4	8	2	9	7	6	5	1
7	2	1	3	5	6	9	4	8
5	6	9	8	4	1	2	3	7

（006）

9	3	4	6	5	2	7	1	8
6	2	8	7	1	3	9	4	5
5	1	7	8	9	4	3	2	6
4	9	1	3	8	7	6	5	2
8	7	5	2	6	9	1	3	4
3	6	2	5	4	1	8	9	7
1	8	9	4	7	5	2	6	3
7	5	3	1	2	6	4	8	9
2	4	6	9	3	8	5	7	1

（007）

9	7	8	4	6	3	2	1	5
3	1	2	5	8	9	7	4	6
5	4	6	2	1	7	8	3	9
7	5	4	3	2	8	9	6	1
8	2	1	9	5	6	3	7	4
6	9	3	1	7	4	5	8	2
4	6	9	7	3	5	1	2	8
1	3	5	8	4	2	6	9	7
2	8	7	6	9	1	4	5	3

（008）

8	3	6	2	5	1	9	7	4
1	5	2	4	9	7	6	8	3
9	4	7	3	8	6	5	1	2
4	8	5	6	2	3	7	9	1
7	9	3	5	1	4	2	6	8
6	2	1	8	7	9	3	4	5
2	6	8	9	4	5	1	3	7
5	7	9	1	3	8	4	2	6
3	1	4	7	6	2	8	5	9

（009）

8	5	7	6	4	2	9	1	3
3	2	1	7	5	9	4	6	8
9	6	4	1	8	3	5	2	7
7	3	5	2	1	4	6	8	9
6	9	2	8	3	5	1	7	4
1	4	8	9	7	6	3	5	2
5	7	9	4	6	8	2	3	1
4	8	6	3	2	1	7	9	5
2	1	3	5	9	7	8	4	6

（010）

6	9	2	8	5	4	3	7	1
7	4	1	3	2	6	5	8	9
5	3	8	1	7	9	4	2	6
9	8	4	7	6	1	2	3	5
1	5	7	2	9	3	6	4	8
2	6	3	4	8	5	9	1	7
4	2	6	5	1	7	8	9	3
8	7	9	6	3	2	1	5	4
3	1	5	9	4	8	7	6	2

（011）

2	1	4	3	6	7	8	9	5
6	7	5	2	9	8	4	1	3
3	9	8	5	1	4	7	2	6
5	3	2	6	8	9	1	7	4
7	8	6	4	5	1	9	3	2
9	4	1	7	2	3	5	6	8
8	6	7	9	4	2	3	5	1
1	5	3	8	7	6	2	4	9
4	2	9	1	3	5	6	8	7

（012）

5	9	3	1	4	2	7	6	8
4	2	8	7	5	6	9	3	1
7	1	6	9	3	8	2	4	5
3	6	7	5	2	9	1	8	4
9	5	1	3	8	4	6	2	7
8	4	2	6	7	1	3	5	9
6	8	4	2	1	7	5	9	3
2	7	5	8	9	3	4	1	6
1	3	9	4	6	5	8	7	2

（013）

3	8	9	4	6	1	5	7	2
2	1	6	9	7	5	3	4	8
5	7	4	3	8	2	6	1	9
6	5	1	2	9	8	7	3	4
7	4	2	6	1	3	8	9	5
8	9	3	7	5	4	2	6	1
9	3	8	1	2	7	4	5	6
1	2	7	5	4	6	9	8	3
4	6	5	8	3	9	1	2	7

（014）

5	4	7	3	6	2	1	8	9
1	2	8	9	7	5	6	4	3
6	9	3	1	4	8	7	2	5
4	5	1	8	3	9	2	7	6
3	7	2	4	1	6	5	9	8
8	6	9	2	5	7	3	1	4
9	8	6	7	2	3	4	5	1
7	3	4	5	9	1	8	6	2
2	1	5	6	8	4	9	3	7

（015）

6	1	2	5	8	9	3	4	7
5	3	9	7	6	4	2	8	1
8	7	4	2	3	1	6	9	5
9	6	5	8	4	7	1	3	2
3	4	1	9	5	2	7	6	8
2	8	7	3	1	6	9	5	4
1	5	8	6	2	3	4	7	9
4	9	3	1	7	5	8	2	6
7	2	6	4	9	8	5	1	3

（016）

5	4	1	7	3	8	6	9	2
8	6	9	5	4	2	3	7	1
7	3	2	1	9	6	5	4	8
3	9	7	8	2	1	4	5	6
2	1	4	6	5	3	7	8	9
6	8	5	4	7	9	1	2	3
1	5	6	2	8	7	9	3	4
4	2	3	9	6	5	8	1	7
9	7	8	3	1	4	2	6	5

（017）

3	9	4	2	7	6	8	1	5
1	8	7	3	5	4	2	6	9
6	5	2	1	8	9	7	3	4
4	3	8	7	2	5	1	9	6
9	6	1	8	4	3	5	7	2
2	7	5	6	9	1	3	4	8
7	4	9	5	1	8	6	2	3
5	2	6	9	3	7	4	8	1
8	1	3	4	6	2	9	5	7

（018）

1	3	7	9	5	8	6	2	4
9	6	4	3	2	7	8	5	1
2	5	8	6	4	1	9	7	3
4	1	2	8	6	5	3	9	7
8	9	5	7	3	4	1	6	2
6	7	3	1	9	2	4	8	5
3	4	6	5	7	9	2	1	8
7	2	1	4	8	6	5	3	9
5	8	9	2	1	3	7	4	6

（019）

9	3	8	7	1	5	2	4	6
1	6	7	2	4	3	8	5	9
4	5	2	9	8	6	3	7	1
8	2	3	1	9	7	5	6	4
5	1	6	4	3	8	9	2	7
7	9	4	6	5	2	1	3	8
3	8	1	5	7	4	6	9	2
2	4	5	8	6	9	7	1	3
6	7	9	3	2	1	4	8	5

（020）

3	8	4	6	7	9	2	1	5
2	9	5	3	8	1	7	4	6
7	1	6	4	2	5	8	3	9
6	2	1	7	4	8	9	5	3
9	7	3	5	1	6	4	8	2
5	4	8	2	9	3	1	6	7
8	6	7	1	3	2	5	9	4
4	5	9	8	6	7	3	2	1
1	3	2	9	5	4	6	7	8

（021）

1	6	9	8	4	5	2	3	7
4	8	3	7	2	6	9	1	5
7	5	2	9	1	3	4	6	8
5	3	1	6	9	4	7	8	2
2	9	7	3	8	1	5	4	6
6	4	8	5	7	2	1	9	3
9	7	4	2	3	8	6	5	1
3	1	5	4	6	7	8	2	9
8	2	6	1	5	9	3	7	4

（022）

8	5	2	3	9	4	6	7	1
1	7	3	2	6	5	8	9	4
4	9	6	7	1	8	5	3	2
2	4	7	8	3	6	9	1	5
3	6	1	5	4	9	7	2	8
9	8	5	1	2	7	4	6	3
5	2	8	6	7	1	3	4	9
7	1	9	4	8	3	2	5	6
6	3	4	9	5	2	1	8	7

（023）

3	4	2	8	7	1	6	9	5
9	6	8	3	4	5	7	2	1
5	1	7	6	9	2	3	8	4
2	5	1	9	3	7	4	6	8
6	9	4	5	2	8	1	3	7
8	7	3	4	1	6	2	5	9
1	8	6	2	5	4	9	7	3
4	3	5	7	6	9	8	1	2
7	2	9	1	8	3	5	4	6

（024）

8	9	4	7	5	1	3	2	6
5	6	2	9	3	4	1	7	8
3	7	1	6	8	2	9	4	5
6	5	7	2	1	9	4	8	3
2	4	3	8	7	6	5	1	9
1	8	9	3	4	5	7	6	2
7	2	5	4	6	3	8	9	1
9	3	8	1	2	7	6	5	4
4	1	6	5	9	8	2	3	7

（025）

5	4	3	1	7	8	9	2	6
1	7	6	3	9	2	8	4	5
2	8	9	6	4	5	7	1	3
9	5	2	8	1	7	3	6	4
4	6	7	2	3	9	1	5	8
8	3	1	4	5	6	2	9	7
6	9	4	7	8	1	5	3	2
7	2	5	9	6	3	4	8	1
3	1	8	5	2	4	6	7	9

（026）

7	5	9	8	2	3	1	6	4
4	8	6	7	1	5	3	9	2
1	2	3	9	4	6	5	8	7
6	3	8	1	9	7	2	4	5
5	1	2	3	8	4	6	7	9
9	7	4	5	6	2	8	1	3
8	4	1	2	3	9	7	5	6
2	9	5	6	7	8	4	3	1
3	6	7	4	5	1	9	2	8

（027）

3	2	4	9	7	8	6	1	5
6	9	1	2	3	5	7	8	4
8	7	5	4	6	1	9	3	2
2	6	7	8	5	4	1	9	3
1	5	3	6	9	7	2	4	8
4	8	9	3	1	2	5	7	6
7	1	8	5	4	6	3	2	9
9	4	6	1	2	3	8	5	7
5	3	2	7	8	9	4	6	1

（028）

8	3	1	9	4	6	5	7	2
2	4	5	3	7	1	6	8	9
9	7	6	2	8	5	1	4	3
3	2	9	1	5	8	4	6	7
6	1	8	7	2	4	9	3	5
7	5	4	6	9	3	8	2	1
1	9	3	8	6	2	7	5	4
5	8	7	4	3	9	2	1	6
4	6	2	5	1	7	3	9	8

（029）

2	6	9	3	4	1	8	5	7
7	5	1	9	2	8	3	6	4
4	8	3	5	7	6	9	1	2
6	1	2	8	3	7	4	9	5
8	4	5	6	9	2	7	3	1
3	9	7	4	1	5	6	2	8
5	7	8	1	6	9	2	4	3
1	3	6	2	8	4	5	7	9
9	2	4	7	5	3	1	8	6

（030）

1	8	6	7	2	3	4	5	9
9	4	5	6	1	8	3	7	2
3	7	2	9	5	4	1	6	8
4	2	1	5	3	7	9	8	6
5	9	3	1	8	6	2	4	7
8	6	7	4	9	2	5	3	1
2	3	4	8	7	9	6	1	5
6	5	8	2	4	1	7	9	3
7	1	9	3	6	5	8	2	4

（031）

6	7	2	8	3	5	1	9	4
4	3	8	9	1	6	2	7	5
5	9	1	7	2	4	8	6	3
1	4	6	3	8	9	7	5	2
7	5	9	6	4	2	3	1	8
2	8	3	5	7	1	6	4	9
9	2	7	4	6	8	5	3	1
8	6	4	1	5	3	9	2	7
3	1	5	2	9	7	4	8	6

（032）

1	9	2	8	4	5	7	6	3
3	8	6	9	7	2	5	1	4
7	4	5	1	6	3	2	9	8
4	1	3	2	5	8	6	7	9
5	7	9	4	3	6	8	2	1
2	6	8	7	9	1	3	4	5
8	5	1	6	2	9	4	3	7
9	2	4	3	8	7	1	5	6
6	3	7	5	1	4	9	8	2

（033）

2	9	8	5	3	1	7	6	4
4	5	1	2	7	6	3	9	8
7	3	6	8	9	4	5	2	1
8	4	3	6	2	5	9	1	7
9	2	7	1	4	3	8	5	6
1	6	5	9	8	7	4	3	2
5	1	4	3	6	8	2	7	9
3	7	9	4	1	2	6	8	5
6	8	2	7	5	9	1	4	3

（034）

4	5	8	3	9	6	2	7	1
7	1	6	5	8	2	9	4	3
2	9	3	4	7	1	5	6	8
9	6	4	1	2	3	7	8	5
8	2	1	7	5	9	6	3	4
3	7	5	6	4	8	1	9	2
5	8	9	2	6	4	3	1	7
6	3	2	8	1	7	4	5	9
1	4	7	9	3	5	8	2	6

（035）

9	2	1	5	7	6	8	4	3
5	4	7	8	3	1	9	6	2
6	8	3	4	9	2	7	5	1
3	1	4	7	5	8	2	9	6
8	6	2	1	4	9	5	3	7
7	5	9	6	2	3	1	8	4
1	9	5	3	6	7	4	2	8
4	7	6	2	8	5	3	1	9
2	3	8	9	1	4	6	7	5

（036）

8	4	1	9	6	5	7	2	3
7	5	9	1	2	3	6	8	4
6	3	2	8	4	7	1	5	9
5	1	6	3	9	8	2	4	7
3	8	4	6	7	2	5	9	1
9	2	7	4	5	1	3	6	8
4	9	5	7	1	6	8	3	2
2	7	8	5	3	9	4	1	6
1	6	3	2	8	4	9	7	5

（037）

5	8	6	2	7	1	9	3	4
4	9	3	8	6	5	1	7	2
7	1	2	3	9	4	8	5	6
3	4	8	9	1	7	2	6	5
2	7	5	6	3	8	4	9	1
9	6	1	4	5	2	3	8	7
1	2	7	5	8	9	6	4	3
8	3	4	7	2	6	5	1	9
6	5	9	1	4	3	7	2	8

（038）

7	8	1	5	4	6	3	9	2
6	9	5	2	3	1	7	4	8
2	3	4	7	8	9	6	1	5
1	6	3	8	9	7	2	5	4
4	2	7	1	6	5	9	8	3
9	5	8	3	2	4	1	7	6
3	7	6	9	5	8	4	2	1
8	1	2	4	7	3	5	6	9
5	4	9	6	1	2	8	3	7

（039）

9	7	4	6	5	3	2	1	8
3	5	6	1	8	2	7	4	9
2	1	8	9	7	4	3	5	6
7	9	3	4	6	1	8	2	5
4	8	1	7	2	5	6	9	3
5	6	2	3	9	8	4	7	1
8	4	5	2	1	6	9	3	7
6	2	9	5	3	7	1	8	4
1	3	7	8	4	9	5	6	2

（040）

1	2	7	6	3	4	9	5	8
3	6	8	2	5	9	4	7	1
4	5	9	8	1	7	3	2	6
5	1	4	7	6	3	8	9	2
9	7	3	4	8	2	6	1	5
6	8	2	1	9	5	7	4	3
7	3	6	5	4	1	2	8	9
2	9	1	3	7	8	5	6	4
8	4	5	9	2	6	1	3	7

（041）

1	6	3	2	9	4	7	5	8
7	9	2	1	5	8	4	6	3
5	8	4	7	3	6	9	2	1
9	1	8	3	2	5	6	4	7
3	7	5	6	4	1	2	8	9
2	4	6	9	8	7	1	3	5
8	2	9	4	1	3	5	7	6
4	3	7	5	6	9	8	1	2
6	5	1	8	7	2	3	9	4

（042）

5	1	9	8	7	6	2	4	3
6	8	3	5	2	4	1	9	7
2	4	7	9	1	3	6	8	5
9	6	1	7	3	5	4	2	8
7	2	8	1	4	9	5	3	6
3	5	4	2	6	8	9	7	1
8	9	6	3	5	2	7	1	4
4	7	2	6	8	1	3	5	9
1	3	5	4	9	7	8	6	2

（043）

8	6	7	5	4	3	2	1	9
2	1	9	8	6	7	5	3	4
5	3	4	1	9	2	8	7	6
4	5	1	6	7	9	3	8	2
9	2	6	3	1	8	4	5	7
3	7	8	2	5	4	6	9	1
7	9	2	4	3	5	1	6	8
1	4	3	7	8	6	9	2	5
6	8	5	9	2	1	7	4	3

（044）

3	8	6	4	1	9	7	2	5
9	1	2	3	5	7	6	8	4
4	5	7	6	8	2	9	3	1
2	6	4	7	9	8	1	5	3
8	9	3	5	4	1	2	7	6
1	7	5	2	3	6	4	9	8
6	4	8	9	2	5	3	1	7
7	2	1	8	6	3	5	4	9
5	3	9	1	7	4	8	6	2

（045）

5	3	4	9	6	8	7	1	2
7	2	8	3	1	5	9	4	6
6	9	1	4	7	2	8	5	3
9	4	5	7	3	1	6	2	8
8	6	3	2	4	9	1	7	5
2	1	7	5	8	6	4	3	9
1	7	9	6	5	3	2	8	4
4	5	6	8	2	7	3	9	1
3	8	2	1	9	4	5	6	7

（046）

8	4	6	2	3	7	1	9	5
1	3	5	4	9	6	8	2	7
9	7	2	8	1	5	6	3	4
5	8	3	7	2	1	9	4	6
6	9	7	3	5	4	2	8	1
2	1	4	6	8	9	5	7	3
3	6	9	5	4	8	7	1	2
4	5	8	1	7	2	3	6	9
7	2	1	9	6	3	4	5	8

（047）

5	3	1	2	6	9	7	8	4
2	7	4	5	3	8	1	6	9
6	9	8	4	1	7	2	5	3
3	1	6	9	8	2	4	7	5
4	2	7	3	5	6	9	1	8
9	8	5	1	7	4	6	3	2
1	6	2	8	4	3	5	9	7
8	5	9	7	2	1	3	4	6
7	4	3	6	9	5	8	2	1

（048）

```
2 1 5 6 8 7 3 4 9
9 8 4 2 1 3 6 7 5
6 7 3 4 9 5 8 2 1
4 5 2 1 6 9 7 3 8
1 9 7 3 4 8 5 6 2
8 3 6 7 5 2 9 1 4
3 2 8 9 7 1 4 5 6
5 6 1 8 3 4 2 9 7
7 4 9 5 2 6 1 8 3
```
（049）

```
2 6 7 8 9 1 3 4 5
5 4 1 2 6 3 9 7 8
8 9 3 7 5 4 2 1 6
4 1 2 6 8 7 5 9 3
3 5 6 1 4 9 8 2 7
9 7 8 5 3 2 4 6 1
1 2 4 3 7 8 6 5 9
6 3 9 4 1 5 7 8 2
7 8 5 9 2 6 1 3 4
```
（050）

```
8 3 9 2 4 7 5 1 6
2 1 5 3 6 8 9 7 4
7 4 6 9 5 1 8 3 2
9 5 4 7 8 2 3 6 1
1 8 2 6 3 4 7 5 9
6 7 3 5 1 9 4 2 8
3 6 1 4 9 5 2 8 7
5 9 7 8 2 6 1 4 3
4 2 8 1 7 3 6 9 5
```
（051）

```
2 7 5 1 8 3 9 6 4
8 9 6 5 4 7 3 2 1
4 1 3 9 6 2 5 7 8
3 2 1 4 5 8 6 9 7
6 4 7 2 1 9 8 5 3
9 5 8 3 7 6 4 1 2
5 3 9 8 2 1 7 4 6
1 6 4 7 3 5 2 8 9
7 8 2 6 9 4 1 3 5
```
（052）

```
8 5 4 9 3 6 1 7 2
7 9 2 4 1 5 8 6 3
1 6 3 8 7 2 5 4 9
6 7 1 5 2 3 9 8 4
5 3 8 6 4 9 2 1 7
2 4 9 1 8 7 3 5 6
3 1 7 2 5 4 6 9 8
4 8 6 3 9 1 7 2 5
9 2 5 7 6 8 4 3 1
```
（053）

```
8 2 5 6 1 3 9 4 7
6 4 3 9 7 8 2 5 1
7 9 1 2 5 4 3 8 6
3 1 9 5 2 6 4 7 8
4 6 7 8 9 1 5 2 3
2 5 8 4 3 7 1 6 9
5 3 2 7 8 9 6 1 4
9 8 4 1 6 2 7 3 5
1 7 6 3 4 5 8 9 2
```
（054）

3	7	4	9	5	6	2	1	8
9	5	2	8	1	3	7	4	6
1	6	8	7	4	2	3	9	5
2	3	7	4	8	9	6	5	1
8	4	6	5	2	1	9	3	7
5	9	1	6	3	7	4	8	2
6	2	5	3	9	8	1	7	4
4	1	9	2	7	5	8	6	3
7	8	3	1	6	4	5	2	9

（055）

1	3	8	6	4	9	7	2	5
5	6	2	7	1	3	8	4	9
4	7	9	5	2	8	3	6	1
2	8	7	3	5	6	9	1	4
3	9	4	2	7	1	6	5	8
6	1	5	9	8	4	2	3	7
9	4	1	8	6	2	5	7	3
7	2	3	4	9	5	1	8	6
8	5	6	1	3	7	4	9	2

（056）

4	7	3	8	2	6	5	9	1
8	9	1	4	5	3	2	7	6
5	2	6	1	9	7	4	8	3
7	8	5	3	4	9	6	1	2
1	6	9	2	8	5	3	4	7
2	3	4	6	7	1	8	5	9
9	1	2	5	6	8	7	3	4
6	5	7	9	3	4	1	2	8
3	4	8	7	1	2	9	6	5

（057）

1	4	7	2	5	8	6	9	3
5	2	3	6	4	9	8	1	7
8	6	9	1	7	3	2	5	4
6	8	5	4	1	7	3	2	9
9	1	4	3	8	2	5	7	6
3	7	2	5	9	6	1	4	8
2	5	6	9	3	4	7	8	1
7	9	1	8	6	5	4	3	2
4	3	8	7	2	1	9	6	5

（058）

1	5	4	8	9	3	7	6	2
9	6	8	4	2	7	3	1	5
2	7	3	5	6	1	4	8	9
8	3	7	9	1	6	5	2	4
6	9	5	2	7	4	8	3	1
4	2	1	3	8	5	9	7	6
7	1	9	6	4	8	2	5	3
3	8	2	1	5	9	6	4	7
5	4	6	7	3	2	1	9	8

（059）

7	3	4	6	9	2	5	8	1
1	8	9	7	5	3	2	6	4
6	5	2	8	1	4	9	3	7
9	4	3	1	6	7	8	2	5
5	7	8	2	4	9	3	1	6
2	6	1	3	8	5	4	7	9
3	1	5	9	7	8	6	4	2
4	2	7	5	3	6	1	9	8
8	9	6	4	2	1	7	5	3

（060）

4	6	2	8	3	7	9	1	5
5	1	3	2	9	4	8	7	6
9	8	7	1	5	6	4	3	2
6	7	9	5	4	3	2	8	1
3	2	5	9	8	1	6	4	7
1	4	8	6	7	2	5	9	3
8	5	1	7	6	9	3	2	4
7	9	4	3	2	5	1	6	8
2	3	6	4	1	8	7	5	9

（061）

5	9	6	4	1	7	3	8	2
4	2	1	3	6	8	7	5	9
8	3	7	2	9	5	6	4	1
7	1	8	6	5	3	2	9	4
9	5	3	1	4	2	8	7	6
2	6	4	7	8	9	5	1	3
3	4	9	8	7	6	1	2	5
6	8	5	9	2	1	4	3	7
1	7	2	5	3	4	9	6	8

（062）

5	9	2	6	1	4	7	3	8
6	4	8	2	7	3	5	9	1
3	7	1	5	9	8	4	2	6
1	6	9	8	2	5	3	4	7
4	2	3	7	6	1	8	5	9
7	8	5	3	4	9	6	1	2
9	3	7	1	5	6	2	8	4
8	1	6	4	3	2	9	7	5
2	5	4	9	8	7	1	6	3

（063）

8	1	2	6	3	9	4	5	7
7	3	6	5	4	1	2	9	8
4	5	9	2	8	7	3	1	6
5	6	3	7	9	8	1	2	4
2	8	1	4	5	3	7	6	9
9	4	7	1	6	2	8	3	5
3	9	4	8	1	5	6	7	2
1	2	8	9	7	6	5	4	3
6	7	5	3	2	4	9	8	1

（064）

4	2	9	5	6	8	3	7	1
1	8	6	2	7	3	9	4	5
7	5	3	9	1	4	6	2	8
5	4	8	7	2	9	1	6	3
6	9	2	3	5	1	7	8	4
3	7	1	8	4	6	5	9	2
9	1	7	4	8	5	2	3	6
8	3	5	6	9	2	4	1	7
2	6	4	1	3	7	8	5	9

（065）

3	8	2	4	6	1	7	9	5
9	7	4	2	5	3	1	8	6
5	1	6	7	9	8	2	4	3
2	3	1	9	7	6	4	5	8
8	5	7	3	4	2	6	1	9
6	4	9	1	8	5	3	7	2
4	2	3	5	1	9	8	6	7
1	9	8	6	3	7	5	2	4
7	6	5	8	2	4	9	3	1

（066）

9	6	2	3	4	1	5	7	8
7	5	1	6	2	8	3	4	9
8	4	3	7	9	5	2	6	1
6	9	7	4	5	3	8	1	2
1	2	5	8	7	6	9	3	4
3	8	4	9	1	2	6	5	7
4	3	6	2	8	7	1	9	5
2	1	9	5	6	4	7	8	3
5	7	8	1	3	9	4	2	6

（067）

6	4	2	7	1	5	9	3	8
5	9	1	3	2	8	6	7	4
7	3	8	9	6	4	5	1	2
3	8	9	1	5	6	2	4	7
1	2	5	8	4	7	3	6	9
4	6	7	2	9	3	8	5	1
2	5	3	4	8	1	7	9	6
8	1	6	5	7	9	4	2	3
9	7	4	6	3	2	1	8	5

（068）

5	4	6	1	7	3	9	8	2
8	2	1	9	4	6	7	5	3
7	9	3	8	5	2	6	4	1
1	8	2	4	6	7	5	3	9
6	3	7	2	9	5	4	1	8
9	5	4	3	1	8	2	6	7
3	6	8	7	2	4	1	9	5
2	1	5	6	3	9	8	7	4
4	7	9	5	8	1	3	2	6

（069）

1	8	3	9	7	6	5	4	2
7	5	9	2	8	4	6	3	1
2	4	6	3	5	1	7	9	8
9	1	4	7	6	8	2	5	3
3	7	5	1	4	2	9	8	6
8	6	2	5	9	3	1	7	4
5	3	1	4	2	9	8	6	7
4	9	8	6	1	7	3	2	5
6	2	7	8	3	5	4	1	9

（070）

5	1	7	9	3	2	4	8	6
4	6	9	8	1	5	2	3	7
3	2	8	6	4	7	5	1	9
1	9	2	4	5	8	6	7	3
8	5	3	7	9	6	1	4	2
7	4	6	1	2	3	8	9	5
9	3	4	2	6	1	7	5	8
6	7	1	5	8	9	3	2	4
2	8	5	3	7	4	9	6	1

（071）

3	2	1	5	4	6	9	8	7
7	4	9	3	8	2	5	6	1
8	6	5	9	7	1	3	4	2
9	7	2	8	5	4	1	3	6
1	8	3	6	2	9	7	5	4
6	5	4	1	3	7	2	9	8
4	1	8	7	9	5	6	2	3
2	9	7	4	6	3	8	1	5
5	3	6	2	1	8	4	7	9

（072）

5	3	6	1	8	9	7	2	4
2	1	8	5	4	7	3	9	6
7	9	4	3	6	2	8	5	1
8	5	3	7	9	1	4	6	2
1	6	7	4	2	5	9	8	3
4	2	9	6	3	8	1	7	5
9	8	5	2	1	3	6	4	7
6	7	1	9	5	4	2	3	8
3	4	2	8	7	6	5	1	9

（073）

4	2	3	1	9	6	7	8	5
8	6	5	7	3	4	9	2	1
9	1	7	8	2	5	4	6	3
3	8	6	9	4	7	5	1	2
2	7	4	5	1	8	6	3	9
1	5	9	3	6	2	8	4	7
5	4	8	2	7	1	3	9	6
7	9	2	6	8	3	1	5	4
6	3	1	4	5	9	2	7	8

（074）

8	4	9	7	5	2	6	3	1
7	6	3	9	4	1	2	5	8
2	5	1	3	6	8	7	4	9
9	8	7	4	1	6	3	2	5
6	2	5	8	3	9	4	1	7
3	1	4	2	7	5	8	9	6
1	3	8	5	2	7	9	6	4
5	9	2	6	8	4	1	7	3
4	7	6	1	9	3	5	8	2

（075）

7	3	6	8	9	2	4	1	5
8	5	1	7	3	4	6	9	2
2	4	9	1	6	5	3	7	8
1	8	2	4	5	7	9	6	3
5	6	4	9	2	3	7	8	1
9	7	3	6	1	8	2	5	4
3	2	8	5	7	6	1	4	9
6	1	5	2	4	9	8	3	7
4	9	7	3	8	1	5	2	6

（076）

8	4	1	6	9	5	7	3	2
6	9	7	1	3	2	5	4	8
5	3	2	8	4	7	9	6	1
1	6	8	7	2	3	4	9	5
2	5	3	9	1	4	6	8	7
9	7	4	5	8	6	1	2	3
4	1	6	2	5	8	3	7	9
3	8	9	4	7	1	2	5	6
7	2	5	3	6	9	8	1	4

（077）

9	8	7	6	2	3	4	1	5
3	5	4	1	8	9	6	2	7
2	1	6	7	4	5	8	3	9
5	3	8	2	6	7	1	9	4
4	7	9	8	3	1	5	6	2
1	6	2	9	5	4	3	7	8
8	2	1	4	9	6	7	5	3
7	4	5	3	1	2	9	8	6
6	9	3	5	7	8	2	4	1

（078）

4	8	5	6	9	3	1	7	2
1	2	9	8	5	7	4	6	3
6	3	7	4	2	1	8	9	5
5	9	3	1	8	4	6	2	7
8	1	6	7	3	2	5	4	9
2	7	4	9	6	5	3	1	8
3	6	1	2	7	8	9	5	4
9	5	2	3	4	6	7	8	1
7	4	8	5	1	9	2	3	6

（079）

6	9	7	3	4	2	5	1	8
5	8	3	7	1	6	2	9	4
4	1	2	8	5	9	6	3	7
8	2	5	4	9	1	3	7	6
3	6	1	2	7	8	9	4	5
7	4	9	5	6	3	8	2	1
9	7	4	6	2	5	1	8	3
1	3	6	9	8	7	4	5	2
2	5	8	1	3	4	7	6	9

（080）

3	1	2	8	4	5	9	6	7
6	5	9	1	7	2	3	8	4
4	7	8	3	9	6	1	5	2
8	9	4	7	1	3	5	2	6
5	3	1	2	6	8	4	7	9
2	6	7	4	5	9	8	1	3
7	4	5	6	3	1	2	9	8
1	2	3	9	8	7	6	4	5
9	8	6	5	2	4	7	3	1

（081）

1	3	2	7	9	8	5	6	4
9	8	5	4	3	6	2	7	1
7	6	4	2	5	1	3	9	8
2	7	6	3	8	5	4	1	9
5	9	3	1	6	4	8	2	7
4	1	8	9	2	7	6	3	5
3	4	1	5	7	2	9	8	6
6	2	7	8	4	9	1	5	3
8	5	9	6	1	3	7	4	2

（082）

4	5	6	1	3	9	2	8	7
9	2	3	7	8	5	6	1	4
1	7	8	4	2	6	5	9	3
7	1	2	5	4	3	9	6	8
3	8	5	9	6	2	4	7	1
6	9	4	8	1	7	3	2	5
8	6	9	3	7	4	1	5	2
5	4	1	2	9	8	7	3	6
2	3	7	6	5	1	8	4	9

（083）

6	4	1	7	2	5	3	8	9
7	3	2	1	9	8	6	5	4
5	9	8	6	4	3	2	7	1
9	2	3	4	8	1	5	6	7
8	6	4	5	7	9	1	3	2
1	7	5	3	6	2	4	9	8
2	5	6	8	1	7	9	4	3
3	8	9	2	5	4	7	1	6
4	1	7	9	3	6	8	2	5

（084）

4	1	6	5	8	2	7	3	9
5	2	9	7	3	1	4	8	6
7	3	8	4	9	6	2	1	5
9	5	3	1	6	7	8	4	2
1	6	4	2	5	8	3	9	7
2	8	7	3	4	9	5	6	1
8	7	1	9	2	3	6	5	4
3	4	2	6	1	5	9	7	8
6	9	5	8	7	4	1	2	3

（085）

1	5	8	9	6	2	7	4	3
2	7	6	8	4	3	5	9	1
3	4	9	1	7	5	2	8	6
5	3	7	6	9	8	4	1	2
6	9	4	2	5	1	8	3	7
8	1	2	7	3	4	6	5	9
7	8	1	5	2	9	3	6	4
9	6	3	4	8	7	1	2	5
4	2	5	3	1	6	9	7	8

（086）

2	8	3	9	6	7	4	1	5
6	5	1	8	4	3	9	2	7
7	4	9	5	2	1	6	8	3
5	1	7	3	8	9	2	6	4
3	6	8	4	7	2	1	5	9
4	9	2	1	5	6	3	7	8
9	2	4	7	1	5	8	3	6
1	3	5	6	9	8	7	4	2
8	7	6	2	3	4	5	9	1

（087）

7	4	5	6	3	8	9	1	2
6	1	2	5	9	4	8	3	7
3	8	9	2	1	7	5	6	4
1	3	6	8	2	9	4	7	5
5	9	8	7	4	6	3	2	1
2	7	4	1	5	3	6	8	9
9	5	7	3	6	1	2	4	8
4	6	1	9	8	2	7	5	3
8	2	3	4	7	5	1	9	6

（088）

1	6	4	3	9	7	8	2	5
9	2	5	6	1	8	4	7	3
3	7	8	2	5	4	1	6	9
7	4	3	9	6	2	5	8	1
8	5	2	7	3	1	6	9	4
6	1	9	8	4	5	2	3	7
5	3	6	4	8	9	7	1	2
2	9	1	5	7	6	3	4	8
4	8	7	1	2	3	9	5	6

（089）

9	8	6	3	2	1	4	7	5
4	7	3	8	5	9	2	6	1
2	5	1	6	4	7	9	8	3
7	6	5	2	1	8	3	4	9
8	1	9	4	3	5	6	2	7
3	2	4	7	9	6	5	1	8
5	3	2	1	7	4	8	9	6
6	4	7	9	8	3	1	5	2
1	9	8	5	6	2	7	3	4

（090）

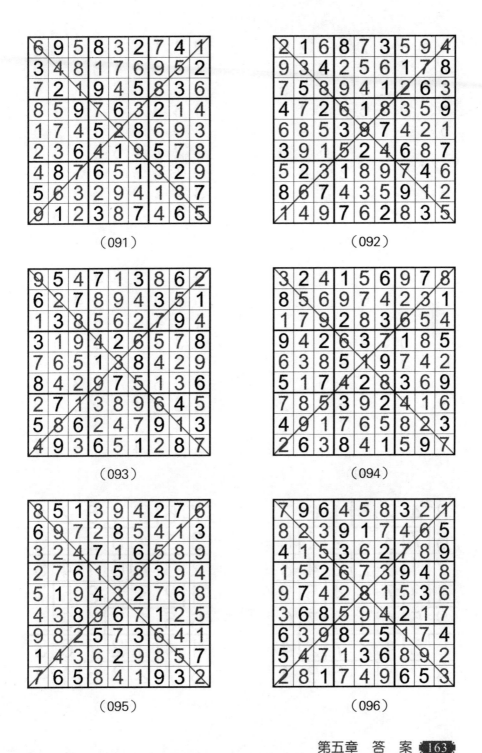

6	9	5	8	3	2	7	4	1
3	4	8	1	7	6	9	5	2
7	2	1	9	4	5	8	3	6
8	5	9	7	6	3	2	1	4
1	7	4	5	2	8	6	9	3
2	3	6	4	1	9	5	7	8
4	8	7	6	5	1	3	2	9
5	6	3	2	9	4	1	8	7
9	1	2	3	8	7	4	6	5

（091）

2	1	6	8	7	3	5	9	4
9	3	4	2	5	6	1	7	8
7	5	8	9	4	1	2	6	3
4	7	2	6	1	8	3	5	9
6	8	5	3	9	7	4	2	1
3	9	1	5	2	4	6	8	7
5	2	3	1	8	9	7	4	6
8	6	7	4	3	5	9	1	2
1	4	9	7	6	2	8	3	5

（092）

9	5	4	7	1	3	8	6	2
6	2	7	8	9	4	3	5	1
1	3	8	5	6	2	7	9	4
3	1	9	4	2	6	5	7	8
7	6	5	1	3	8	4	2	9
8	4	2	9	7	5	1	3	6
2	7	1	3	8	9	6	4	5
5	8	6	2	4	7	9	1	3
4	9	3	6	5	1	2	8	7

（093）

3	2	4	1	5	6	9	7	8
8	5	6	9	7	4	2	3	1
1	7	9	2	8	3	6	5	4
9	4	2	6	3	7	1	8	5
6	3	8	5	1	9	7	4	2
5	1	7	4	2	8	3	6	9
7	8	5	3	9	2	4	1	6
4	9	1	7	6	5	8	2	3
2	6	3	8	4	1	5	9	7

（094）

8	5	1	3	9	4	2	7	6
6	9	7	2	8	5	4	1	3
3	2	4	7	1	6	5	8	9
2	7	6	1	5	8	3	9	4
5	1	9	4	3	2	7	6	8
4	3	8	9	6	7	1	2	5
9	8	2	5	7	3	6	4	1
1	4	3	6	2	9	8	5	7
7	6	5	8	4	1	9	3	2

（095）

7	9	6	4	5	8	3	2	1
8	2	3	9	1	7	4	6	5
4	1	5	3	6	2	7	8	9
1	5	2	6	7	3	9	4	8
9	7	4	2	8	1	5	3	6
3	6	8	5	9	4	2	1	7
6	3	9	8	2	5	1	7	4
5	4	7	1	3	6	8	9	2
2	8	1	7	4	9	6	5	3

（096）

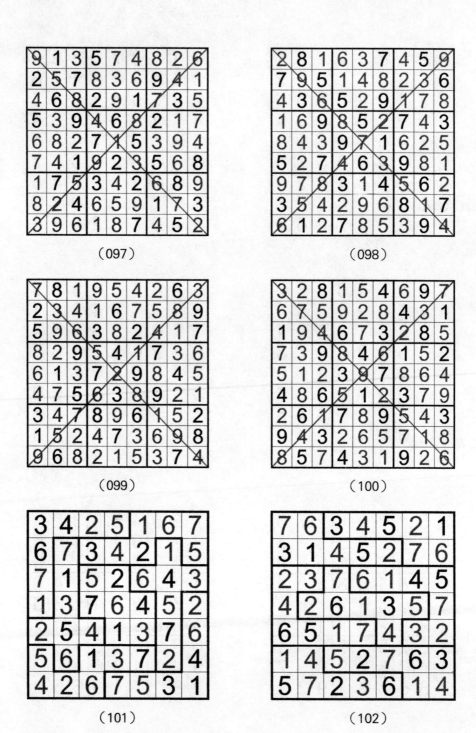

9	1	3	5	7	4	8	2	6
2	5	7	8	3	6	9	4	1
4	6	8	2	9	1	7	3	5
5	3	9	4	6	8	2	1	7
6	8	2	7	1	5	3	9	4
7	4	1	9	2	3	5	6	8
1	7	5	3	4	2	6	8	9
8	2	4	6	5	9	1	7	3
3	9	6	1	8	7	4	5	2

（097）

2	8	1	6	3	7	4	5	9
7	9	5	1	4	8	2	3	6
4	3	6	5	2	9	1	7	8
1	6	9	8	5	2	7	4	3
8	4	3	9	7	1	6	2	5
5	2	7	4	6	3	9	8	1
9	7	8	3	1	4	5	6	2
3	5	4	2	9	6	8	1	7
6	1	2	7	8	5	3	9	4

（098）

7	8	1	9	5	4	2	6	3
2	3	4	1	6	7	5	8	9
5	9	6	3	8	2	4	1	7
8	2	9	5	4	1	7	3	6
6	1	3	7	2	9	8	4	5
4	7	5	6	3	8	9	2	1
3	4	7	8	9	6	1	5	2
1	5	2	4	7	3	6	9	8
9	6	8	2	1	5	3	7	4

（099）

3	2	8	1	5	4	6	9	7
6	7	5	9	2	8	4	3	1
1	9	4	6	7	3	2	8	5
7	3	9	8	4	6	1	5	2
5	1	2	3	9	7	8	6	4
4	8	6	5	1	2	3	7	9
2	6	1	7	8	9	5	4	3
9	4	3	2	6	5	7	1	8
8	5	7	4	3	1	9	2	6

（100）

3	4	2	5	1	6	7
6	7	3	4	2	1	5
7	1	5	2	6	4	3
1	3	7	6	4	5	2
2	5	4	1	3	7	6
5	6	1	3	7	2	4
4	2	6	7	5	3	1

（101）

7	6	3	4	5	2	1
3	1	4	5	2	7	6
2	3	7	6	1	4	5
4	2	6	1	3	5	7
6	5	1	7	4	3	2
1	4	5	2	7	6	3
5	7	2	3	6	1	4

（102）

6	3	1	5	4	7	2
3	2	7	4	6	5	1
5	7	4	6	2	1	3
7	4	5	2	1	3	6
4	1	2	7	3	6	5
2	6	3	1	5	4	7
1	5	6	3	7	2	4

（103）

4	2	5	3	7	6	1
7	5	1	2	4	3	6
2	6	3	1	5	4	7
3	4	7	6	1	2	5
5	3	2	7	6	1	4
1	7	6	4	3	5	2
6	1	4	5	2	7	3

（104）

7	5	1	3	6	4	2
6	3	2	4	5	7	1
1	7	5	2	4	3	6
2	1	3	5	7	6	4
4	2	6	1	3	5	7
5	4	7	6	1	2	3
3	6	4	7	2	1	5

（105）

2	7	1	6	5	4	3
4	2	6	7	3	5	1
5	1	4	3	6	2	7
3	6	7	2	4	1	5
1	3	2	5	7	6	4
7	4	5	1	2	3	6
6	5	3	4	1	7	2

（106）

5	4	7	6	2	3	1
4	2	3	1	5	6	7
3	6	1	5	4	7	2
6	7	2	4	3	1	5
2	1	5	7	6	4	3
1	5	6	3	7	2	4
7	3	4	2	1	5	6

（107）

7	1	3	5	6	4	2
4	6	5	3	7	2	1
2	7	4	1	5	3	6
5	3	6	2	4	1	7
1	2	7	6	3	5	4
6	5	2	4	1	7	3
3	4	1	7	2	6	5

（108）

3	1	2	4	6	5	7
2	3	6	7	5	1	4
4	5	7	1	3	2	6
7	6	5	3	2	4	1
1	7	3	2	4	6	5
5	2	4	6	1	7	3
6	4	1	5	7	3	2

（109）

2	4	7	6	3	5	1
3	6	1	5	7	4	2
5	3	4	2	1	6	7
1	2	6	7	4	3	5
7	1	5	3	6	2	4
6	7	2	4	5	1	3
4	5	3	1	2	7	6

（110）

7	5	3	2	4	6	1
3	6	1	4	2	5	7
1	2	4	7	5	3	6
6	7	2	1	3	4	5
4	3	6	5	7	1	2
5	4	7	6	1	2	3
2	1	5	3	6	7	4

（111）

4	6	3	7	5	2	1
1	5	7	3	2	6	4
7	4	2	5	3	1	6
5	2	6	1	7	4	3
6	3	4	2	1	5	7
2	7	1	4	6	3	5
3	1	5	6	4	7	2

（112）

5	7	6	2	3	4	1
3	2	4	5	1	6	7
7	1	3	4	2	5	6
4	6	2	3	7	1	5
1	4	7	6	5	3	2
2	3	5	1	6	7	4
6	5	1	7	4	2	3

（113）

4	5	2	6	7	3	1
1	6	3	7	2	5	4
2	7	1	3	6	4	5
3	4	7	5	1	6	2
6	3	4	2	5	1	7
5	2	6	1	4	7	3
7	1	5	4	3	2	6

（114）

4	1	7	2	3	5	6
1	3	4	6	5	7	2
7	6	5	3	2	1	4
5	2	3	4	7	6	1
3	5	6	1	4	2	7
6	4	2	7	1	3	5
2	7	1	5	6	4	3

（115）

2	1	4	7	6	5	3
7	6	3	5	4	1	2
5	4	1	2	3	7	6
3	5	2	6	1	4	7
6	3	7	1	5	2	4
4	2	5	3	7	6	1
1	7	6	4	2	3	5

（116）

2	5	7	3	4	6	1
4	1	3	6	2	7	5
5	6	2	4	7	1	3
3	4	1	7	6	5	2
1	7	6	5	3	2	4
6	3	5	2	1	4	7
7	2	4	1	5	3	6

（117）

7	2	4	3	5	6	1
1	4	7	6	3	5	2
3	1	5	4	7	2	6
6	7	3	1	2	4	5
5	6	2	7	4	1	3
2	3	1	5	6	7	4
4	5	6	2	1	3	7

（118）

5	1	2	6	4	7	3
6	2	7	3	5	1	4
2	4	3	1	7	5	6
1	7	4	5	6	3	2
7	6	5	2	3	4	1
3	5	6	4	1	2	7
4	3	1	7	2	6	5

（119）

3	2	6	7	5	4	1
4	1	7	3	2	6	5
5	6	4	2	1	3	7
6	7	3	1	4	5	2
2	4	1	5	3	7	6
7	5	2	4	6	1	3
1	3	5	6	7	2	4

（120）

2	4	3	5	1	6	7
1	6	5	7	3	4	2
6	2	7	4	5	1	3
5	1	6	3	2	7	4
3	7	4	1	6	2	5
4	3	1	2	7	5	6
7	5	2	6	4	3	1

（121）

5	6	4	1	7	2	3
3	4	7	2	5	1	6
4	1	2	3	6	5	7
6	5	1	7	4	3	2
1	7	3	5	2	6	4
7	2	5	6	3	4	1
2	3	6	4	1	7	5

（122）

7	6	5	3	4	2	1
4	1	3	6	2	7	5
5	2	6	1	3	4	7
2	7	1	4	5	3	6
3	5	7	2	1	6	4
6	3	4	5	7	1	2
1	4	2	7	6	5	3

（123）

5	4	2	3	6	7	1
2	1	4	5	7	3	6
3	6	7	4	1	5	2
7	5	1	6	2	4	3
1	7	3	2	5	6	4
6	3	5	1	4	2	7
4	2	6	7	3	1	5

（124）

1	7	4	2	6	5	3
7	5	6	3	2	1	4
4	3	2	5	1	7	6
2	6	1	4	5	3	7
3	4	5	1	7	6	2
5	2	7	6	3	4	1
6	1	3	7	4	2	5

（125）

4	3	1	2	6	5	7
2	1	3	7	5	4	6
7	6	4	5	1	2	3
6	5	7	4	2	3	1
5	7	6	3	4	1	2
3	4	2	1	7	6	5
1	2	5	6	3	7	4

（126）

7	6	3	4	2	1	5
4	2	1	3	5	7	6
5	3	6	7	4	2	1
6	1	2	5	7	4	3
2	5	4	1	3	6	7
1	7	5	2	6	3	4
3	4	7	6	1	5	2

（127）

7	4	6	3	1	5	2
2	7	1	5	3	4	6
3	2	5	7	6	1	4
4	1	3	6	7	2	5
6	5	7	2	4	3	1
5	6	4	1	2	7	3
1	3	2	4	5	6	7

（128）

7	4	1	2	3	5	6
4	1	2	6	5	3	7
6	5	3	7	2	4	1
5	3	7	1	4	6	2
1	7	5	4	6	2	3
3	2	6	5	7	1	4
2	6	4	3	1	7	5

（129）

4	6	5	1	7	3	2
7	2	6	4	3	1	5
3	1	2	5	4	6	7
5	3	7	2	1	4	6
1	5	3	6	2	7	4
2	7	4	3	6	5	1
6	4	1	7	5	2	3

（130）

5	1	7	4	3	2	6
6	5	4	3	2	1	7
7	6	3	1	4	5	2
4	3	1	2	7	6	5
2	4	6	7	5	3	1
1	7	2	5	6	4	3
3	2	5	6	1	7	4

（131）

7	4	5	6	1	2	3
3	1	6	2	4	5	7
1	3	2	4	6	7	5
6	5	1	7	2	3	4
4	2	3	5	7	1	6
2	6	7	3	5	4	1
5	7	4	1	3	6	2

（132）

4	6	1	7	3	5	2
2	1	6	5	7	3	4
5	7	4	2	6	1	3
7	5	2	3	1	4	6
3	2	7	4	5	6	1
6	3	5	1	4	2	7
1	4	3	6	2	7	5

（133）

2	1	7	5	3	6	4
5	4	2	1	6	7	3
4	7	3	6	1	5	2
6	3	5	2	7	4	1
7	2	6	3	4	1	5
1	5	4	7	2	3	6
3	6	1	4	5	2	7

（134）

1	6	4	5	7	3	2
7	5	2	3	1	6	4
6	2	1	7	5	4	3
5	1	3	4	6	2	7
4	3	7	6	2	5	1
3	7	5	2	4	1	6
2	4	6	1	3	7	5

（135）

3	7	5	6	1	4	2
1	6	4	2	3	5	7
7	4	2	1	6	3	5
4	5	1	3	7	2	6
2	3	7	4	5	6	1
6	1	3	5	2	7	4
5	2	6	7	4	1	3

（136）

7	3	5	1	6	2	4
1	5	4	6	2	3	7
2	7	3	4	1	5	6
4	1	6	2	3	7	5
6	2	7	5	4	1	3
3	4	2	7	5	6	1
5	6	1	3	7	4	2

（137）

2	7	5	6	3	4	1
3	1	4	5	7	2	6
7	6	3	1	4	5	2
6	5	2	3	1	7	4
4	2	6	7	5	1	3
1	3	7	4	2	6	5
5	4	1	2	6	3	7

（138）

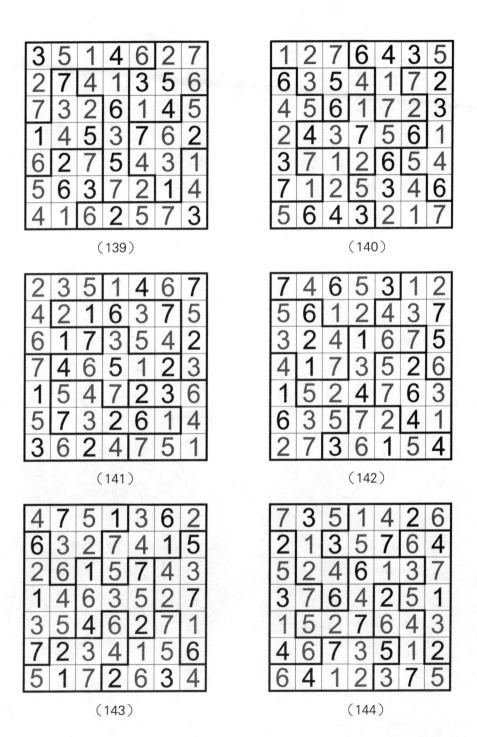

3	5	1	4	6	2	7
2	7	4	1	3	5	6
7	3	2	6	1	4	5
1	4	5	3	7	6	2
6	2	7	5	4	3	1
5	6	3	7	2	1	4
4	1	6	2	5	7	3

（139）

1	2	7	6	4	3	5
6	3	5	4	1	7	2
4	5	6	1	7	2	3
2	4	3	7	5	6	1
3	7	1	2	6	5	4
7	1	2	5	3	4	6
5	6	4	3	2	1	7

（140）

2	3	5	1	4	6	7
4	2	1	6	3	7	5
6	1	7	3	5	4	2
7	4	6	5	1	2	3
1	5	4	7	2	3	6
5	7	3	2	6	1	4
3	6	2	4	7	5	1

（141）

7	4	6	5	3	1	2
5	6	1	2	4	3	7
3	2	4	1	6	7	5
4	1	7	3	5	2	6
1	5	2	4	7	6	3
6	3	5	7	2	4	1
2	7	3	6	1	5	4

（142）

4	7	5	1	3	6	2
6	3	2	7	4	1	5
2	6	1	5	7	4	3
1	4	6	3	5	2	7
3	5	4	6	2	7	1
7	2	3	4	1	5	6
5	1	7	2	6	3	4

（143）

7	3	5	1	4	2	6
2	1	3	5	7	6	4
5	2	4	6	1	3	7
3	7	6	4	2	5	1
1	5	2	7	6	4	3
4	6	7	3	5	1	2
6	4	1	2	3	7	5

（144）

3	1	4	5	2	7	6
2	6	7	1	3	4	5
5	4	6	7	1	3	2
4	2	1	3	5	6	7
6	3	2	4	7	5	1
7	5	3	2	6	1	4
1	7	5	6	4	2	3

（145）

3	6	2	5	7	4	1
5	7	1	2	3	6	4
7	5	4	6	1	3	2
1	4	7	3	5	2	6
4	3	6	1	2	5	7
6	2	5	7	4	1	3
2	1	3	4	6	7	5

（146）

7	5	3	4	6	1	2
4	2	1	6	3	7	5
6	3	5	2	1	4	7
2	1	7	5	4	6	3
3	7	6	1	5	2	4
1	4	2	3	7	5	6
5	6	4	7	2	3	1

（147）

1	4	7	3	2	5	6
4	5	2	6	7	3	1
5	1	3	2	4	6	7
6	3	4	5	1	7	2
7	2	5	4	6	1	3
3	6	1	7	5	2	4
2	7	6	1	3	4	5

（148）

6	7	4	2	3	5	1
5	2	1	3	6	7	4
4	3	7	5	1	2	6
3	1	5	7	4	6	2
2	6	3	1	5	4	7
1	4	2	6	7	3	5
7	5	6	4	2	1	3

（149）

2	6	4	1	3	7	5
1	7	3	6	5	4	2
5	4	6	2	7	1	3
4	3	5	7	2	6	1
3	5	7	4	1	2	6
6	2	1	5	4	3	7
7	1	2	3	6	5	4

（150）

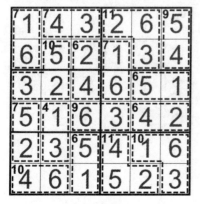

4	1	6	2	5	3
5	3	2	1	4	6
2	6	4	5	3	1
3	5	1	6	2	4
1	2	3	4	6	5
6	4	5	3	1	2

（151）

2	4	1	6	3	5
3	6	5	2	1	4
6	5	3	1	4	2
1	2	4	3	5	6
4	3	2	5	6	1
5	1	6	4	2	3

（152）

3	1	6	5	4	2
4	5	2	6	3	1
5	3	1	4	2	6
2	6	4	3	1	5
1	4	5	2	6	3
6	2	3	1	5	4

（153）

2	1	5	4	6	3
3	4	6	1	2	5
5	2	4	6	3	1
1	6	3	2	5	4
6	3	1	5	4	2
4	5	2	3	1	6

（154）

1	4	3	2	6	5
6	5	2	1	3	4
3	2	4	6	5	1
5	1	6	3	4	2
2	3	5	4	1	6
4	6	1	5	2	3

（155）

6	1	4	5	2	3
3	5	2	4	1	6
1	3	6	2	4	5
4	2	5	6	3	1
2	6	1	3	5	4
5	4	3	1	6	2

（156）

6	3	4	1	2	5
5	1	2	6	4	3
3	2	6	5	1	4
4	5	1	2	3	6
1	6	3	4	5	2
2	4	5	3	6	1

（157）

4	2	6	5	3	1
5	3	1	2	6	4
1	4	3	6	5	2
2	6	5	4	1	3
3	5	4	1	2	6
6	1	2	3	4	5

（158）

6	4	1	2	5	3
2	5	3	4	6	1
4	3	5	1	2	6
1	6	2	3	4	5
3	2	6	5	1	4
5	1	4	6	3	2

（159）

1	6	2	5	4	3
3	4	5	6	2	1
2	5	6	1	3	4
4	1	3	2	6	5
6	3	1	4	5	2
5	2	4	3	1	6

（160）

4	5	2	1	6	3
3	1	6	4	5	2
5	6	1	3	2	4
2	3	4	5	1	6
1	2	3	6	4	5
6	4	5	2	3	1

（161）

4	1	3	6	5	2
6	5	2	4	3	1
2	4	1	5	6	3
5	3	6	1	2	4
1	2	5	3	4	6
3	6	4	2	1	5

（162）

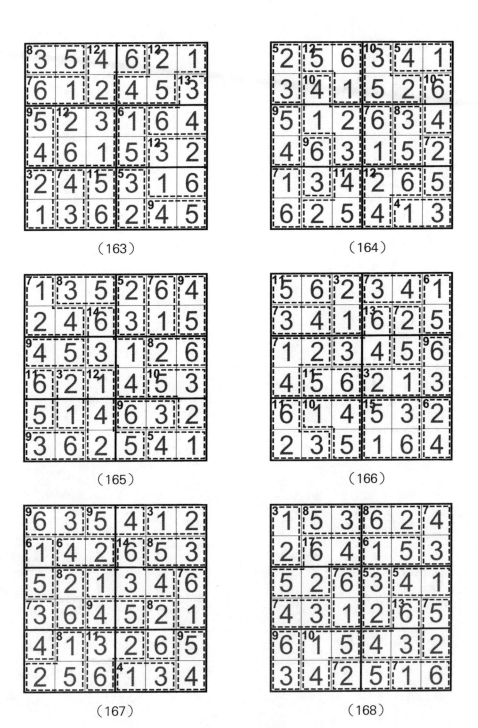

[8]3	5	[12]4	6	[12]2	1
[7]6	1	2	4	5	[13]3
[9]5	[12]2	3	[6]1	6	4
4	6	1	5	[12]3	2
[3]2	[7]4	[11]5	[5]3	1	6
1	3	6	2	[9]4	5

（163）

[5]2	[12]5	6	[10]3	[5]4	1
3	[10]4	1	5	2	[10]6
[9]5	1	2	[7]6	[8]3	4
4	[9]6	3	1	5	[7]2
[7]1	3	[11]4	[12]2	6	5
6	2	5	4	[4]1	3

（164）

[7]1	[8]3	5	[5]2	[7]6	[9]4
2	4	[14]6	3	1	5
[9]4	5	3	1	[8]2	6
[11]6	[3]2	[12]1	4	[10]5	3
5	1	4	[9]6	3	2
[9]3	6	2	5	[5]4	1

（165）

[11]5	6	[3]2	[7]3	4	[6]1
[7]3	4	1	[13]6	[7]2	5
[7]1	2	3	4	5	[9]6
4	[11]5	6	[3]2	1	3
[11]6	[10]1	4	[15]5	3	[6]2
2	3	5	1	6	4

（166）

[9]6	3	[9]5	4	[3]1	2
[6]1	[6]4	2	[14]6	[8]5	3
5	[8]2	1	3	4	[7]6
[7]3	6	[9]4	5	[8]2	1
4	[8]1	[11]3	2	6	[9]5
2	5	6	[4]1	3	4

（167）

[3]1	[8]5	3	[8]6	2	[7]4
2	[17]6	4	[6]1	5	3
5	2	[7]6	[5]3	[5]4	1
[7]4	3	1	2	[13]6	[7]5
[9]6	[10]1	5	4	3	2
3	4	[7]2	5	[7]1	6

（168）

(10) 6	(7) 2	5	(7) 3	4	(6) 1
4	(12) 3	(7) 1	(8) 6	2	5
5	4	6	(10) 2	1	3
(6) 2	1	(12) 3	5	(11) 6	4
3	(12) 6	4	(7) 1	5	(11) 2
1	5	2	4	3	6

（169）

(16) 4	1	6	(7) 2	5	(4) 3
(5) 2	5	(7) 3	4	(7) 6	1
3	(7) 2	5	(11) 6	1	(6) 4
(10) 6	4	(5) 1	5	(11) 3	2
(9) 5	3	4	(13) 1	2	6
1	(8) 6	2	3	4	5

（170）

(9) 2	(8) 3	5	(9) 4	(12) 6	1
1	6	(7) 4	5	2	3
(10) 5	4	3	(3) 2	1	(10) 6
(15) 6	1	(3) 2	(8) 3	5	4
4	2	1	(7) 6	(8) 3	5
3	(11) 5	6	1	(6) 4	2

（171）

(14) 3	5	(5) 1	4	(8) 6	2
6	(11) 2	4	(8) 5	(10) 3	1
(13) 2	1	5	3	(7) 4	6
4	6	(5) 3	2	1	(8) 5
(6) 1	(13) 4	2	(12) 6	5	3
5	3	6	1	(6) 2	4

（172）

(10) 4	6	(9) 3	(3) 2	1	(8) 5
(8) 2	5	1	(10) 6	4	3
6	(5) 1	4	(10) 3	(7) 5	2
(6) 3	2	(11) 5	1	6	(10) 4
1	4	2	(18) 5	3	6
(8) 5	3	6	4	(3) 2	1

（173）

(8) 6	2	(6) 5	1	(13) 3	4
(9) 3	4	(7) 1	(8) 2	5	6
2	(13) 3	6	(7) 4	1	(7) 5
5	1	4	3	(8) 6	2
(5) 4	(11) 5	(11) 3	6	2	(4) 1
1	6	2	(9) 5	4	3

（174）

（175）

1	5	2	3	4	6
6	4	3	2	1	5
4	3	5	1	6	2
2	1	6	4	5	3
5	2	4	6	3	1
3	6	1	5	2	4

（176）

2	4	3	6	1	5
5	6	1	2	3	4
3	2	5	1	4	6
4	1	6	3	5	2
1	5	2	4	6	3
6	3	4	5	2	1

（177）

1	3	2	4	5	6
5	4	6	3	2	1
2	1	3	5	6	4
4	6	5	1	3	2
3	2	4	6	1	5
6	5	1	2	4	3

（178）

3	4	2	5	6	1
5	6	1	3	4	2
2	1	3	4	5	6
4	5	6	2	1	3
6	3	4	1	2	5
1	2	5	6	3	4

（179）

5	1	2	4	6	3
6	3	4	5	2	1
4	6	3	2	1	5
2	5	1	3	4	6
1	2	5	6	3	4
3	4	6	1	5	2

（180）

1	5	3	4	2	6
4	2	6	1	3	5
3	1	5	6	4	2
2	6	4	5	1	3
5	4	2	3	6	1
6	3	1	2	5	4

（181）

（182）

（183）

（184）

（185）

（186）

3	1	5	6	2	4
4	6	2	1	3	5
2	5	1	3	4	6
6	4	3	2	5	1
1	2	4	5	6	3
5	3	6	4	1	2

（187）

1	4	2	3	6	5
6	5	3	4	2	1
3	1	4	2	5	6
2	6	5	1	3	4
5	2	1	6	4	3
4	3	6	5	1	2

（188）

6	2	5	1	3	4
1	4	3	6	5	2
5	1	4	3	2	6
2	3	6	4	1	5
3	6	2	5	4	1
4	5	1	2	6	3

（189）

4	1	6	2	5	3
5	2	3	6	1	4
2	3	1	4	6	5
6	4	5	1	3	2
1	5	2	3	4	6
3	6	4	5	2	1

（190）

1	2	6	5	4	3
5	3	4	2	1	6
3	4	2	1	6	5
6	1	5	4	3	2
2	6	1	3	5	4
4	5	3	6	2	1

（191）

1	6	4	2	3	5
2	5	3	4	6	1
3	2	5	1	4	6
6	4	1	5	2	3
5	3	2	6	1	4
4	1	6	3	5	2

（192）

[10]4	[7]2	5	[7]3	[7]1	6
6	[4]1	3	4	[13]2	5
[8]5	3	[14]2	1	6	[6]4
[10]1	4	6	5	[7]3	2
2	[6]5	1	[8]6	4	[9]3
3	[10]6	4	2	5	1

（193）

[3]1	2	[10]3	[16]4	6	5
[15]6	4	5	2	1	[5]3
[7]3	5	[8]6	[10]1	4	2
4	[4]1	2	5	[14]3	6
[7]2	3	[15]4	6	5	[5]1
5	[7]6	1	3	2	4

（194）

[13]6	5	[7]4	[3]2	1	[8]3
2	[3]1	3	[10]6	4	5
[7]4	2	[4]1	3	[11]5	6
3	[11]6	5	[12]4	2	1
[9]1	[13]4	6	5	[9]3	[6]2
5	3	2	1	6	4

（195）

[8]6	2	[6]3	[9]5	4	[10]1
[12]4	5	1	2	3	6
3	[8]6	2	[10]4	[11]1	5
[5]1	4	[12]5	6	2	3
[7]2	1	6	[8]3	5	[6]4
5	[7]3	4	[7]1	6	2

（196）

[4]3	1	[8]2	6	[14]5	4
[9]4	[12]6	5	[12]1	3	2
5	[9]4	1	2	6	3
2	3	[13]6	[12]5	4	1
[12]1	5	4	3	2	[11]6
6	[5]2	3	[5]4	1	5

（197）

[4]3	1	[10]4	5	[11]6	2
[11]5	[16]2	6	1	[8]4	3
6	5	[6]2	4	3	1
[5]4	3	[6]1	[5]2	[17]5	6
1	[12]6	5	3	2	4
2	4	[9]3	6	[6]1	5

（198）

9 6	3	7 2	5	7 4	1
7 4	6 5	1	9 6	3	2
2	1	11 5	6 4	15 6	3
7 3	4	6	2	1	5
6 5	8 6	8 3	1	12 2	4
1	2	4	8 3	5	6

（199）

18 4	5 2	3	12 5	14 1	6
6	5	11 1	3	4	2
6 1	3	6	4	9 2	5
5	6 4	2	1	6	9 3
9 3	6	6 4	2	5	1
3 2	1	11 5	6	7 3	4

（200）

·2017北京市中小学数独比赛真题答案·

8	6	1	9	7	3	5	4	2
5	9	7	1	4	2	6	8	3
2	4	3	6	5	8	7	1	9
7	3	9	2	1	5	8	6	4
1	8	2	3	6	4	9	5	7
4	5	6	8	9	7	3	2	1
9	1	5	7	2	6	4	3	8
6	2	8	4	3	9	1	7	5
3	7	4	5	8	1	2	9	6

（001）

3	9	5	7	2	4	1	8	6
6	8	4	5	1	3	7	2	9
1	7	2	8	9	6	5	3	4
7	6	1	3	5	9	8	4	2
5	4	8	6	7	2	3	9	1
9	2	3	4	8	1	6	7	5
2	3	9	1	6	7	4	5	8
4	5	6	9	3	8	2	1	7
8	1	7	2	4	5	9	6	3

（002）

8	3	1	5	9	6	2	7	4
7	2	5	4	3	1	8	6	9
9	6	4	2	8	7	1	3	5
5	1	2	8	6	4	3	9	7
6	8	9	3	7	5	4	1	2
4	7	3	9	1	2	5	8	6
3	5	7	1	2	9	6	4	8
2	9	8	6	4	3	7	5	1
1	4	6	7	5	8	9	2	3

（003）

8	3	7	2	9	6	4	5	1
9	1	2	4	7	5	3	8	6
5	4	6	3	1	8	9	7	2
3	2	1	7	5	4	6	9	8
4	6	5	8	2	9	7	1	3
7	9	8	6	3	1	5	2	4
2	5	9	1	4	3	8	6	7
6	7	3	5	8	2	1	4	9
1	8	4	9	6	7	2	3	5

（004）

1	2	4	9	5	6	3	8	7
6	7	3	1	2	8	4	9	5
8	9	5	3	7	4	1	6	2
4	1	2	8	6	9	7	5	3
3	5	6	7	4	1	9	2	8
7	8	9	2	3	5	6	4	1
5	3	1	6	9	2	8	7	4
9	4	8	5	1	7	2	3	6
2	6	7	4	8	3	5	1	9

（005）

6	8	2	7	3	9	4	1	5
3	5	7	1	6	4	2	9	8
1	9	4	8	5	2	7	6	3
2	3	6	9	1	8	5	4	7
9	4	5	2	7	6	3	8	1
7	1	8	3	4	5	9	2	6
8	2	3	5	9	1	6	7	4
5	6	1	4	2	7	8	3	9
4	7	9	6	8	3	1	5	2

（006）

2	3	4	9	7	8	5	1	6
5	6	8	1	4	3	2	9	7
9	1	7	6	2	5	8	4	3
6	5	1	8	9	2	7	3	4
7	8	2	4	3	6	9	5	1
4	9	3	5	1	7	6	2	8
3	2	6	7	5	4	1	8	9
1	7	5	3	8	9	4	6	2
8	4	9	2	6	1	3	7	5

（007）

2	4	1	9	7	3	6	5	8
9	5	8	6	2	4	3	1	7
3	6	7	1	8	5	2	9	4
4	1	6	2	3	7	5	8	9
5	9	3	8	1	6	4	7	2
7	8	2	5	4	9	1	6	3
1	2	9	3	5	8	7	4	6
6	3	4	7	9	1	8	2	5
8	7	5	4	6	2	9	3	1

（008）

4	5	6	8	1	7	2	3	9
7	1	3	5	9	2	8	6	4
2	9	8	6	4	3	7	5	1
8	2	5	9	7	4	3	1	6
1	4	9	2	3	6	5	7	8
6	3	7	1	8	5	4	9	2
9	7	2	4	5	1	6	8	3
3	8	4	7	6	9	1	2	5
5	6	1	3	2	8	9	4	7

（009）

1	6	3	7	4	2	9	5	8
5	7	4	8	9	3	1	2	6
8	9	2	5	6	1	7	4	3
2	8	9	6	1	4	5	3	7
6	3	1	2	5	7	4	8	9
7	4	5	9	3	8	6	1	2
9	2	6	4	8	5	3	7	1
4	1	8	3	7	6	2	9	5
3	5	7	1	2	9	8	6	4

（010）

2	4	6	3	1	7	5
7	5	3	6	2	4	1
5	6	1	4	3	2	7
1	2	7	5	4	6	3
4	1	5	2	7	3	6
3	7	2	1	6	5	4
6	3	4	7	5	1	2

（011）

1	4	5	2	3	7	6
4	1	2	6	7	5	3
5	3	7	1	4	6	2
6	5	4	3	2	1	7
2	7	6	4	5	3	1
3	2	1	7	6	4	5
7	6	3	5	1	2	4

（012）

8	4	6	7	9	1	3	5	2
9	7	5	4	3	2	8	6	1
3	1	2	8	5	6	7	4	9
6	8	3	5	2	4	1	9	7
5	9	4	1	7	8	2	3	6
7	2	1	3	6	9	4	8	5
4	5	8	9	1	7	6	2	3
2	3	7	6	4	5	9	1	8
1	6	9	2	8	3	5	7	4

（013）

1	4	5	2	6	3	7
6	3	1	5	7	4	2
3	7	6	1	2	5	4
7	1	2	4	5	6	3
5	6	4	7	3	2	1
4	2	3	6	1	7	5
2	5	7	3	4	1	6

（014）

6	2	3	1	4	5
5	1	4	3	6	2
2	4	6	5	3	1
1	3	5	6	2	4
3	5	2	4	1	6
4	6	1	2	5	3

（015）

3	8	1	4	7	5	9	6	2
4	6	7	9	2	8	3	1	5
5	2	9	1	3	6	7	8	4
6	5	8	2	4	3	1	7	9
1	9	4	6	8	7	5	2	3
7	3	2	5	9	1	6	4	8
8	7	6	3	5	2	4	9	1
2	4	3	7	1	9	8	5	6
9	1	5	8	6	4	2	3	7

（016）

3	8	2	6	4	7	5	1	9
9	4	1	5	2	8	3	7	6
7	5	6	9	1	3	8	2	4
4	3	7	1	9	2	6	5	8
1	2	5	3	8	6	9	4	7
8	6	9	4	7	5	2	3	1
5	7	8	2	6	4	1	9	3
6	1	3	7	5	9	4	8	2
2	9	4	8	3	1	7	6	5

（017）

7	1	3	5	2	4	6
4	3	6	1	5	7	2
2	4	5	3	1	6	7
6	2	1	7	3	5	4
5	7	2	4	6	1	3
1	6	7	2	4	3	5
3	5	4	6	7	2	1

（018）

[5] 2	3	[11] 6	[11] 5	4	[10] 1
[8] 4	1	5	2	3	6
3	[7] 4	2	[12] 6	[6] 1	5
[11] 5	6	1	4	2	[12] 3
[9] 6	2	[12] 3	[4] 1	5	4
1	5	4	3	[8] 6	2

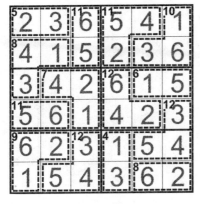

（019）

5	2	9	6	1	4	7	8	3
4	1	3	8	7	2	6	5	9
8	7	6	9	3	5	4	1	2
3	6	7	2	4	1	8	9	5
2	4	8	5	9	3	1	7	6
9	5	1	7	6	8	2	3	4
1	9	2	4	5	7	3	6	8
7	8	5	3	2	6	9	4	1
6	3	4	1	8	9	5	2	7

（020）

4	1	2	3	9	5	6	8	7
6	5	8	4	1	7	3	2	9
3	9	7	6	2	8	5	4	1
9	3	1	8	5	2	4	7	6
8	4	6	7	3	1	9	5	2
7	2	5	9	4	6	1	3	8
2	8	9	5	6	4	7	1	3
1	6	4	2	7	3	8	9	5
5	7	3	1	8	9	2	6	4

（021）

3	4	6	1	2	7	5
2	7	1	4	5	6	3
7	5	2	3	6	4	1
1	6	7	5	4	3	2
4	2	3	6	1	5	7
6	3	5	2	7	1	4
5	1	4	7	3	2	6

（022）

4	7	5	9	6	3	8	2	1
9	3	8	2	1	7	5	6	4
1	2	6	4	8	5	9	3	7
6	8	9	5	3	4	7	1	2
5	4	7	6	2	1	3	8	9
3	1	2	8	7	9	6	4	5
2	9	3	7	4	8	1	5	6
8	5	4	1	9	6	2	7	3
7	6	1	3	5	2	4	9	8

（023）

1	4	5	2	7	8	9	6	3
6	2	8	9	5	3	4	1	7
9	3	7	6	4	1	8	2	5
8	5	9	3	1	4	6	7	2
3	6	4	7	2	9	5	8	1
2	7	1	8	6	5	3	9	4
7	8	2	5	3	6	1	4	9
4	9	3	1	8	7	2	5	6
5	1	6	4	9	2	7	3	8

（024）

5	1	3	2	6	4	7
7	6	2	4	3	5	1
3	7	4	6	5	1	2
4	5	1	3	2	7	6
1	2	6	5	7	3	4
6	4	5	7	1	2	3
2	3	7	1	4	6	5

（025）

3	5	6	2	4	1
1	2	4	3	6	5
4	6	1	5	2	3
2	3	5	4	1	6
6	4	3	1	5	2
5	1	2	6	3	4

（026）

7	5	4	8	9	3	2	1	6
1	8	2	4	5	6	9	3	7
9	3	6	2	7	1	8	4	5
4	7	8	3	6	9	5	2	1
2	9	1	5	4	7	6	8	3
3	6	5	1	8	2	7	9	4
8	4	7	9	3	5	1	6	2
6	2	9	7	1	4	3	5	8
5	1	3	6	2	8	4	7	9

（027）

1	3	2	6	4	5	7
2	5	1	7	3	4	6
6	7	5	4	2	3	1
3	4	6	5	1	7	2
5	1	7	3	6	2	4
7	2	4	1	5	6	3
4	6	3	2	7	1	5

（028）

1	2	4	3	7	6	5
7	6	3	1	5	2	4
6	5	7	4	1	3	2
2	3	1	5	6	4	7
4	7	6	2	3	5	1
3	4	5	7	2	1	6
5	1	2	6	4	7	3

（029）

1	3	6	5	4	2
2	4	5	3	6	1
6	1	3	2	5	4
4	5	2	1	3	6
5	6	1	4	2	3
3	2	4	6	1	5

（030）

（031）

2	3	1	6	4	5
4	5	6	2	3	1
1	4	2	5	6	3
5	6	3	1	2	4
3	2	5	4	1	6
6	1	4	3	5	2

（032）

1	9	6	7	4	5	8	3	2
4	5	2	1	8	3	7	6	9
7	8	3	6	9	2	4	1	5
3	2	4	9	5	6	1	7	8
6	1	5	3	7	8	2	9	4
9	7	8	4	2	1	3	5	6
8	4	1	5	6	7	9	2	3
5	3	9	2	1	4	6	8	7
2	6	7	8	3	9	5	4	1

（033）

5	7	1	2	6	8	3	4	9
3	9	6	4	5	7	1	2	8
2	4	8	1	3	9	6	5	7
6	8	5	3	7	4	9	1	2
4	2	3	6	9	1	8	7	5
9	1	7	8	2	5	4	6	3
7	5	4	9	1	3	2	8	6
8	3	2	7	4	6	5	9	1
1	6	9	5	8	2	7	3	4

（034）

5	4	7	1	8	2	3	6	9
3	9	1	5	6	7	8	4	2
6	8	2	9	4	3	7	5	1
9	6	5	2	7	4	1	8	3
4	7	3	6	1	8	9	2	5
1	2	8	3	5	9	4	7	6
7	1	9	4	2	6	5	3	8
8	3	6	7	9	5	2	1	4
2	5	4	8	3	1	6	9	7

（035）

5	9	3	8	7	2	4	6	1
6	4	8	1	9	5	3	7	2
7	1	2	3	6	4	8	9	5
1	2	9	7	5	3	6	8	4
4	6	5	9	2	8	1	3	7
8	3	7	6	4	1	5	2	9
9	8	6	4	1	7	2	5	3
3	5	1	2	8	9	7	4	6
2	7	4	5	3	6	9	1	8

（036）

2	9	4	1	5	8	6	7	3
6	7	8	3	9	4	1	5	2
3	5	1	6	2	7	4	8	9
5	2	6	8	3	1	9	4	7
1	4	7	9	6	2	5	3	8
8	3	9	7	4	5	2	6	1
7	6	2	4	8	9	3	1	5
4	8	5	2	1	3	7	9	6
9	1	3	5	7	6	8	2	4

（037）

4	6	8	9	7	3	1	5	2
2	3	1	6	8	5	7	4	9
5	9	7	1	2	4	3	6	8
1	4	9	5	3	7	8	2	6
8	2	3	4	6	1	5	9	7
7	5	6	8	9	2	4	1	3
6	7	5	2	1	8	9	3	4
3	1	2	7	4	9	6	8	5
9	8	4	3	5	6	2	7	1

（038）

6	7	4	2	3	5	1	9	8
5	2	8	9	4	1	7	3	6
1	9	3	7	8	6	5	2	4
3	8	7	4	2	9	6	1	5
9	6	5	1	7	3	8	4	2
2	4	1	6	5	8	3	7	9
8	5	2	3	1	4	9	6	7
7	1	9	8	6	2	4	5	3
4	3	6	5	9	7	2	8	1

（039）

4	1	3	5	8	9	2	6	7
7	2	8	3	4	6	1	9	5
9	6	5	1	7	2	4	8	3
2	3	9	8	1	5	6	7	4
1	5	7	4	6	3	9	2	8
8	4	6	2	9	7	5	3	1
6	9	1	7	5	8	3	4	2
5	8	2	9	3	4	7	1	6
3	7	4	6	2	1	8	5	9

（040）

6	2	8	1	9	4	3	5	7
4	1	7	5	3	8	9	2	6
3	9	5	6	7	2	8	4	1
9	7	4	8	1	5	6	3	2
1	5	6	3	2	7	4	8	9
2	8	3	4	6	9	7	1	5
8	6	9	2	5	3	1	7	4
5	3	1	7	4	6	2	9	8
7	4	2	9	8	1	5	6	3

• 2018北京市中小学生阳光体育系列活动数独比赛真题答案 •

3	7	2	6	4	8	1	9	5
9	8	5	2	1	7	3	6	4
4	6	1	3	9	5	2	7	8
8	5	9	4	7	1	6	3	2
1	3	6	5	8	2	9	4	7
7	2	4	9	6	3	5	8	1
5	9	3	8	2	4	7	1	6
6	4	7	1	5	9	8	2	3
2	1	8	7	3	6	4	5	9

（001）

4	9	6	5	1	3	8	2	7
5	8	2	9	4	7	3	6	1
7	3	1	6	8	2	9	4	5
1	7	9	2	6	4	5	3	8
6	5	8	1	3	9	2	7	4
3	2	4	8	7	5	6	1	9
9	6	5	4	2	1	7	8	3
8	1	3	7	5	6	4	9	2
2	4	7	3	9	8	1	5	6

（002）

6	7	3	5	2	4	1
4	2	1	3	5	7	6
7	1	5	4	3	6	2
3	6	4	2	1	5	7
2	5	7	1	6	3	4
1	3	6	7	4	2	5
5	4	2	6	7	1	3

（003）

5	2	1	6	4	3
6	4	3	2	5	1
3	5	6	4	1	2
2	1	4	5	3	6
1	6	5	3	2	4
4	3	2	1	6	5

（004）

1	9	6	2	3	7	4	5	8
2	7	8	1	4	5	3	6	9
4	3	5	6	8	9	7	1	2
5	2	3	7	6	8	1	9	4
9	6	4	5	1	2	8	7	3
7	8	1	3	9	4	5	2	6
8	4	7	9	5	6	2	3	1
3	5	9	4	2	1	6	8	7
6	1	2	8	7	3	9	4	5

（005）

3	5	7	1	8	4	2	9	6
4	8	6	9	5	2	1	7	3
9	2	1	6	7	3	4	8	5
5	7	8	2	6	1	3	4	9
1	4	2	3	9	5	8	6	7
6	9	3	8	4	7	5	1	2
7	1	5	4	3	9	6	2	8
8	3	4	7	2	6	9	5	1
2	6	9	5	1	8	7	3	4

（006）

1	6	7	2	3	5	4
2	3	1	4	5	6	7
5	4	3	6	1	7	2
4	2	5	7	6	3	1
3	7	4	5	2	1	6
7	5	6	1	4	2	3
6	1	2	3	7	4	5

（007）

(9)6	(8)2	1	(5)3	(9)4	5
3	(7)4	5	2	(9)6	1
(5)4	3	(12)6	(9)1	5	2
1	(15)5	2	4	3	(10)6
(8)2	6	4	(14)5	1	3
5	1	3	6	(6)2	4

（008）

2	3	7	8	1	6	9	4	5
5	9	1	4	3	7	8	2	6
6	8	4	2	5	9	7	1	3
3	1	2	9	7	8	6	5	4
8	5	9	3	6	4	2	7	1
7	4	6	5	2	1	3	8	9
4	6	5	7	8	3	1	9	2
9	7	3	1	4	2	5	6	8
1	2	8	6	9	5	4	3	7

（009）

9	6	4	5	2	1	7	8	3
7	5	2	8	9	3	6	1	4
3	1	8	4	6	7	9	5	2
5	2	9	3	1	6	8	4	7
4	8	3	9	7	5	1	2	6
1	7	6	2	8	4	3	9	5
6	3	5	1	4	8	2	7	9
2	4	1	7	3	9	5	6	8
8	9	7	6	5	2	4	3	1

（010）

1	2	4	6	5	3	7
7	6	2	3	1	5	4
4	5	6	7	3	1	2
5	3	1	2	7	4	6
6	7	5	1	4	2	3
2	4	3	5	6	7	1
3	1	7	4	2	6	5

（011）

(3)1	(12)5	(9)6	3	(6)4	2
2	4	3	(15)1	5	6
(11)4	1	(8)2	6	3	(6)5
6	(10)3	5	(6)4	2	1
(8)3	2	(6)1	5	(13)6	4
5	(10)6	4	(3)2	1	3

（012）

```
9 4 7 6 1 2 8 3 5
1 2 3 4 8 5 6 9 7
6 5 8 7 3 9 4 2 1
5 6 9 3 2 7 1 4 8
3 8 2 1 6 4 5 7 9
4 7 1 5 9 8 2 6 3
7 9 4 2 5 1 3 8 6
8 1 6 9 4 3 7 5 2
2 3 5 8 7 6 9 1 4
```
（013）

```
5 7 2 4 3 6 1 8 9
3 4 9 8 1 7 6 2 5
6 8 1 2 5 9 4 3 7
2 3 4 9 7 1 5 6 8
1 9 5 6 2 8 3 7 4
8 6 7 3 4 5 2 9 1
9 2 8 1 6 4 7 5 3
4 5 3 7 9 2 8 1 6
7 1 6 5 8 3 9 4 2
```
（014）

```
7 8 9 3 5 1 2 4 6
3 2 4 9 8 6 1 7 5
5 6 1 4 7 2 3 8 9
9 4 7 6 1 3 8 5 2
8 5 3 7 2 9 6 1 4
2 1 6 8 4 5 9 3 7
6 7 5 1 9 8 4 2 3
1 9 2 5 3 4 7 6 8
4 3 8 2 6 7 5 9 1
```
（015）

```
2 4 3 5 6 9 1 7 8
1 7 6 8 2 4 3 9 5
5 9 8 1 7 3 4 2 6
7 2 5 9 8 1 6 3 4
4 6 9 3 5 7 2 8 1
8 3 1 2 4 6 7 5 9
9 8 4 6 3 2 5 1 7
3 5 7 4 1 8 9 6 2
6 1 2 7 9 5 8 4 3
```
（016）

```
6 9 1 2 4 8 7 3 5
3 2 4 7 9 5 1 6 8
8 5 7 3 1 6 9 4 2
5 3 8 1 6 7 2 9 4
4 6 9 8 2 3 5 1 7
1 7 2 9 5 4 6 8 3
7 8 6 5 3 9 4 2 1
9 1 5 4 8 2 3 7 6
2 4 3 6 7 1 8 5 9
```
（017）

```
5 6 8 3 9 4 1 7 2
1 3 9 2 7 6 4 8 5
4 7 2 5 8 1 6 9 3
6 2 5 9 4 7 3 1 8
3 8 4 6 1 2 7 5 9
9 1 7 8 3 5 2 6 4
7 5 3 4 6 8 9 2 1
8 9 6 1 2 3 5 4 7
2 4 1 7 5 9 8 3 6
```
（018）

2	4	7	1	5	3	6
5	1	3	2	6	4	7
4	6	5	3	7	1	2
1	7	4	6	2	5	3
3	5	6	7	1	2	4
6	3	2	5	4	7	1
7	2	1	4	3	6	5

（019）

2	3	7	6	5	1	4
5	4	1	7	6	3	2
6	1	5	3	2	4	7
7	2	3	4	1	6	5
3	6	4	5	7	2	1
4	5	2	1	3	7	6
1	7	6	2	4	5	3

（020）

[9]4	3	[7]5	2	[11]6	1
2	[15]6	[7]1	[4]3	4	[11]5
3	5	6	1	2	4
1	[5]4	[7]2	5	[8]3	[8]6
[11]6	1	[9]3	[10]4	5	2
5	2	4	6	[4]1	3

（021）

[14]3	5	[13]2	[7]6	1	[6]4
6	4	1	[9]3	5	2
[5]4	[10]2	6	1	[8]3	5
1	3	5	[9]4	[9]2	6
[8]2	6	[7]3	5	[15]4	1
[6]5	1	4	2	6	3

（022）

3	1	2	5	4	8	7	9	6
6	5	9	7	1	2	3	8	4
8	7	4	9	6	3	1	5	2
5	6	8	2	7	4	9	3	1
1	4	3	6	9	5	8	2	7
2	9	7	3	8	1	4	6	5
9	8	5	4	2	7	6	1	3
4	2	1	8	3	6	5	7	9
7	3	6	1	5	9	2	4	8

（023）

8	5	6	9	7	1	4	2	3
2	7	1	4	5	3	8	6	9
9	3	4	8	6	2	5	1	7
7	4	2	6	3	8	1	9	5
5	1	8	2	9	7	3	4	6
3	6	9	1	4	5	7	8	2
1	9	7	3	8	6	2	5	4
6	2	5	7	1	4	9	3	8
4	8	3	5	2	9	6	7	1

（024）

科学出版社

科龙图书读者意见反馈表

书　　名 ________________________________

个人资料

姓　　名：__________ 年　　龄：________ 联系电话：______________

专　　业：__________ 学　　历：________ 所从事行业：____________

通信地址：______________________________ 邮　　编：________

E-mail：______________________________

宝贵意见

◆ 您能接受的此类图书的定价

20元以内□　30元以内□　50元以内□　100元以内□　均可接受□

◆ 您购本书的主要原因有(可多选)

学习参考□　教材□　业务需要□　其他____________

◆ 您认为本书需要改进的地方(或者您未来的需要)

____

____

◆ 您读过的好书(或者对您有帮助的图书)

____

____

◆ 您希望看到哪些方面的新图书

____

____

◆ 您对我社的其他建议

____

____

回执地址：北京市朝阳区华严北里11号楼3层

科学出版社东方科龙图文有限公司经营管理编辑部(收)

邮编：100029